Dans chaque unité, des pages Lire, des pages Vocabulaire et des pages Écrire et Parle[r]

Lire

Deux textes (histoires complètes ou extraits) à lire et à comprendre.

- Des activités **« avant de lire »** pour préparer la lecture.
- Des **questions de compréhension.**

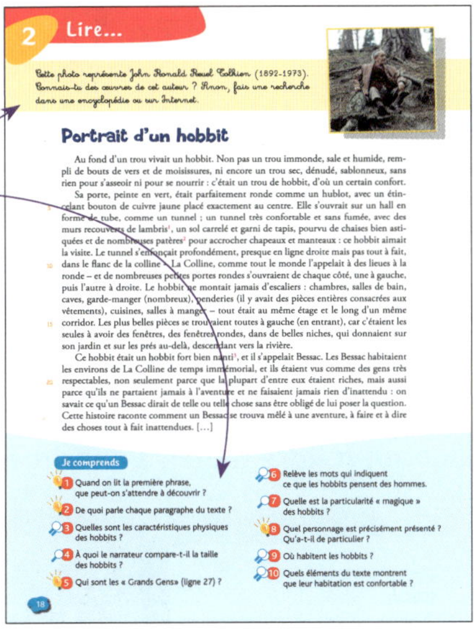

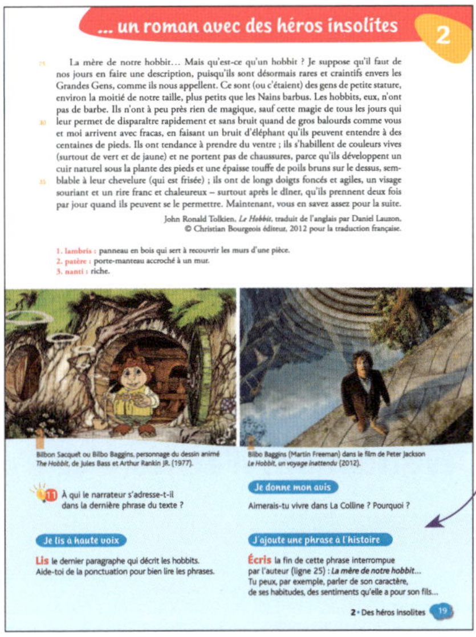

- Des activités pour lire le texte à voix haute, donner son avis, **écrire une ou plusieurs phrases.**

- Les activités de lecture débouchent sur **un conseil pour mieux lire.**
- Des exercices classés en **2 ou 3 niveaux de difficulté** pour mettre en pratique le conseil de lecture.
- **Des énigmes et des jeux** pour s'entraîner à lire des mots et des phrases.

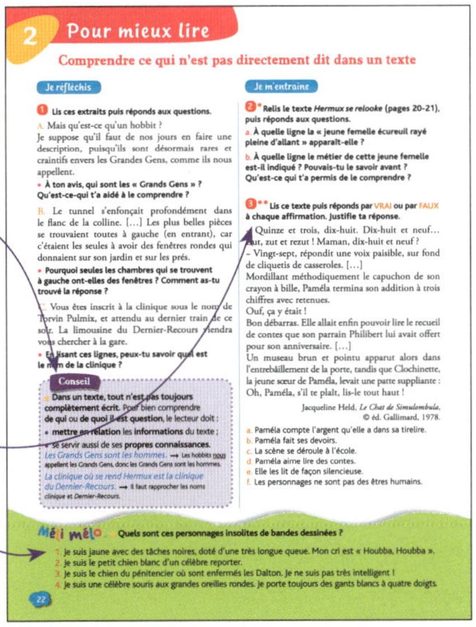

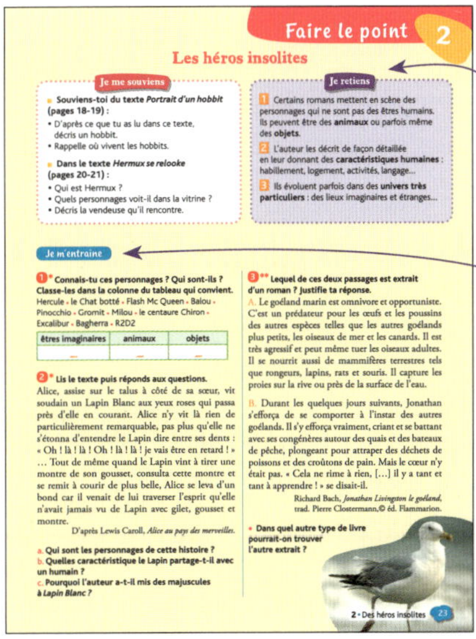

- **Les connaissances à retenir** sur le type d'écrit rencontré.
- Des exercices classés en **2 ou 3 niveaux de difficulté** pour mettre en application les connaissances acquises.

Vocabulaire

Des activités et des listes de mots pour acquérir le **vocabulaire thématique** utile au travail d'écriture proposé dans l'unité.

- **Des activités pour chercher des mots** correspondant à la thématique des textes lus.

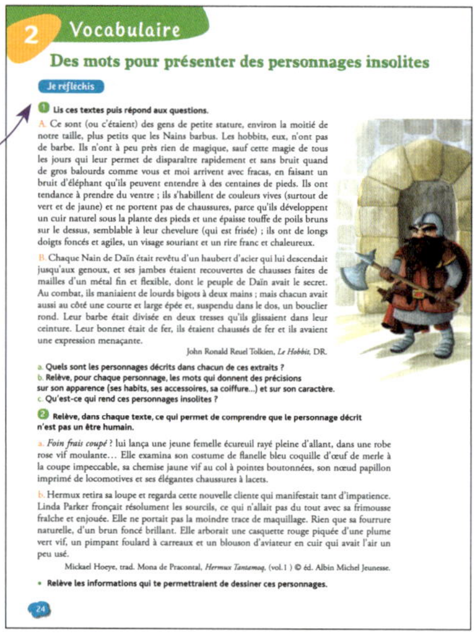

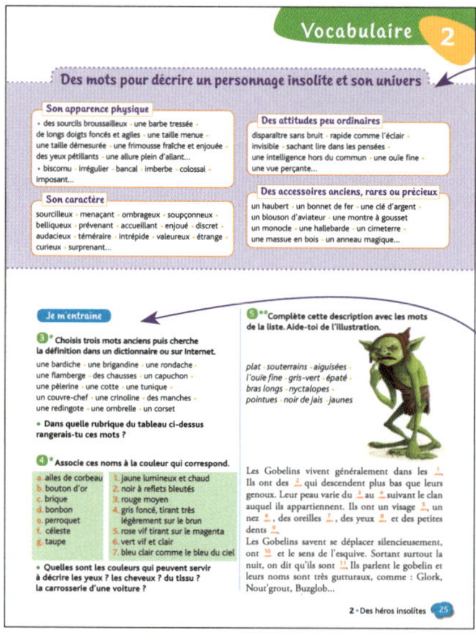

- Les **mots** sont regroupés **en rubriques**. Ces « boîtes à outils » seront très utiles pour les exercices d'écriture.
- Des exercices classés en **3 niveaux de difficulté** pour manipuler les mots des listes.

Écrire et parler

Des **situations d'écriture et d'oral** pour apprendre à bien s'exprimer.

- Un **guide d'écriture** qui rappelle les caractéristiques du type d'écrit.

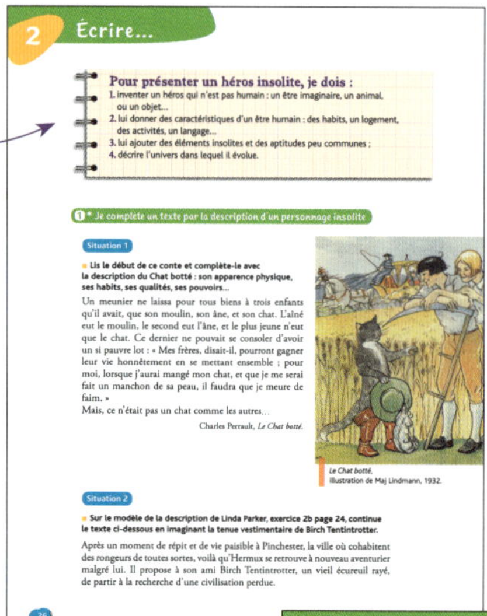

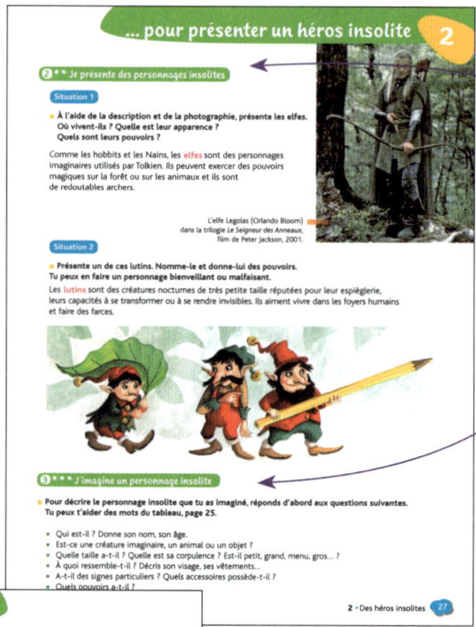

- **Plusieurs situations d'écriture**, de difficulté croissante.

- **Une grille de réécriture** pour améliorer les productions écrites.
- **Une situation d'oral** pour s'entraîner à parler devant ses camarades.
- **Des propositions de lecture** pour découvrir d'autres ouvrages sur le thème de l'unité (3 niveaux de difficulté : *, * *, * * *).

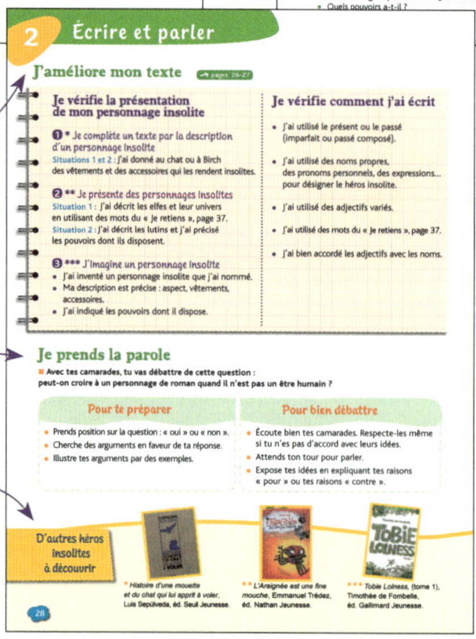

FRANÇAIS
CM2

Mille-feuilles

Sous la direction de **Christian DEMONGIN**
Professeur agrégé de lettres modernes

Alain BONDOT
Professeur des écoles
Maître formateur

Yolande GONNET
Professeur des écoles
Maître formateur

Michel GONNET
Inspecteur de l'Éducation nationale

Gisèle HOSTEAU
Conseillère pédagogique

Le papier de cet ouvrage est composé
de fibres naturelles, renouvelables,
fabriquées à partir de bois
provenant de forêts gérées
de manière responsable.

Nathan

SOMMAIRE

 ISBN : 978-2-09-122925-6

* Texte de la liste de référence du Ministère.

ÉCRIRE et PARLER		
ocabulaire (des mots pour écrire)	**Écrire**	**Parler**
Des mots pour évoquer la peur	Écrire un épisode d'un roman policier	Formuler des hypothèses comme un détective
Des mots pour présenter des personnages insolites	Présenter un héros insolite	Débattre : Peut-on croire à un personnage de roman quand il n'est pas un être humain ?
Des mots pour décrire un paysage	Présenter sa région, sa ville, son village…	Présenter un aspect caractéristique d'une région, d'une ville…
Des mots pour donner des repères temporels	Écrire un passage de récit biographique	Faire deviner le nom d'un personnage célèbre
Des mots pour dire ce que l'on ressent	Écrire une page de journal intime	Présenter quelque chose que l'on aime bien ou que l'on déteste
Des verbes pour préciser les relations entre les personnages	Écrire un conte de sagesse	Dire un conte à la manière d'un conteur
Des associations de mots pour surprendre ou s'amuser	Écrire une scène insolite	Jouer une scène bizarre
Les mots de la bande dessinée	Écrire le scénario d'une BD à partir d'un roman	Décrire une vignette de BD pour la faire deviner
Jouer avec la langue, jouer avec les mots	Écrire un poème pour évoquer le monde	Dire des poèmes de façon évocatrice
Des mots pour valoriser	Écrire un texte publicitaire	Jouer une scène publicitaire

Les logos des questions de compréhension

Cherche la réponse à un endroit du texte.

Cherche la réponse à plusieurs endroits du texte.

Réfléchis à partir du texte.

Cherche la réponse en utilisant tes connaissances, un dictionnaire ou Internet.

Des romans policiers

Unité 1

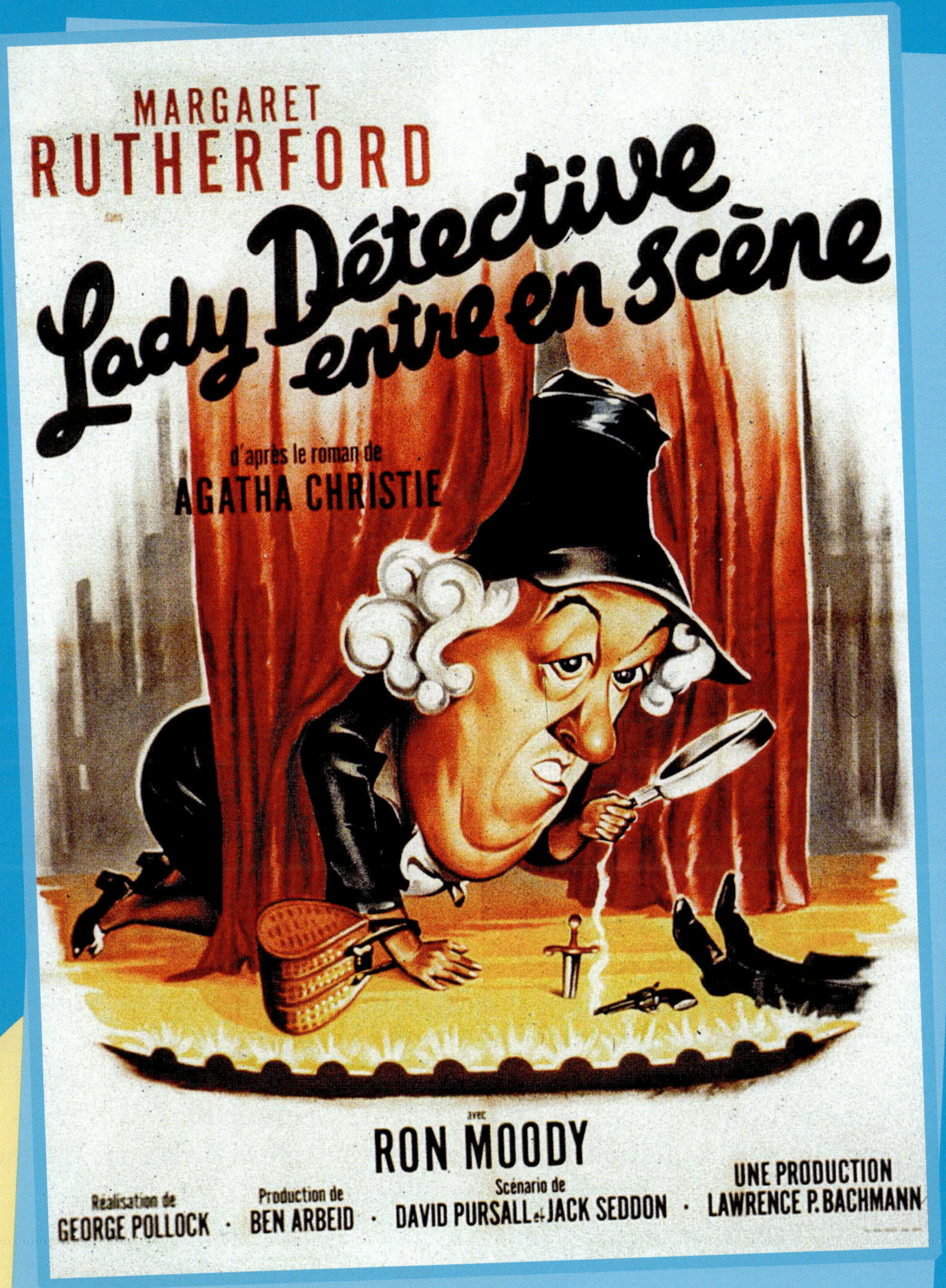

1. De quel type de document s'agit-il ?
2. Quels personnages vois-tu sur cette image ?
3. Connais-tu des livres ou des films mettant en scène des personnages semblables ?

Dans ce chapitre, tu vas :

- **Lire** des romans policiers.
- **Écrire** une scène de roman policier.
- **Parler** pour présenter des indices qui désignent un coupable.

1 Lire...

Quelle scène de roman policier peux-tu imaginer à partir de cette image ?
Par qui une telle scène peut-elle être vue ?

Un réveil en sursaut

Un employé de banque a volé une forte somme d'argent. Il pense qu'un de ses collègues, Christian Franval, a découvert son délit. Il décide donc de le supprimer et l'attend au pied de l'immeuble où il habite. En face, un jeune garçon, Daniel, s'est endormi. Il est seul dans l'appartement. Suite à un accident, il doit rester dans l'obscurité afin de protéger ses yeux de la lumière.

L'homme regarda à nouveau sa montre. Une heure du matin. Il avait froid, malgré le chauffage de la voiture. Franval n'était pas encore rentré. Il avait passé toute la journée à vérifier les ordinateurs dans les différentes succursales de la banque. L'homme attendait là depuis sept heures du soir, l'heure à laquelle Franval aurait dû rentrer. Il avait d'abord prévu de lui demander un entretien, pour savoir s'il avait réellement remarqué quelque chose d'anormal. Il voulait lui laisser une chance. Mais après quelques heures de réflexion dans sa voiture, il était décidé à ne pas courir de risque. Il espérait seulement que Franval n'était pas déjà en train de tout raconter au grand patron.

Brusquement, il se souvint que Franval devait aller au théâtre ce soir-là, voir une nouvelle pièce. Un de ses amis lui avait procuré une invitation pour la première.

L'homme se racla la gorge. Il aurait pu y penser plus tôt. Cela lui aurait évité d'attendre pour rien [...].

Christian Franval se gara sous le métro aérien. Il avait la flemme de rentrer sa voiture au parking. Il était ravi de sa soirée. La pièce qu'il avait vue était excellente, et la comédienne qui jouait le rôle principal était parfaite. Il lui semblait la connaître. Peut-être l'avait-il vue dans un film ? Il avait ensuite dîné dans un bon restaurant avec des amis, qui avaient adoré la pièce eux aussi, et il avait presque oublié ses

Je comprends

1. Qui sont les différents personnages ? Que sais-tu d'eux ?
2. Où et quand a lieu l'agression ?
3. D'où vient le léger bruit de pas que Franval entend derrière lui (ligne 21) ?
4. Que se passe-t-il entre la ligne 23 et la ligne 24 ?
5. Par quoi Daniel a-t-il été réveillé ?
6. À ce moment de l'histoire, Daniel est-il victime, témoin, coupable, enquêteur ou suspect ?
7. Qui Daniel appelle-t-il en composant le 17 ?
8. À ton avis, que peut-il ressentir ?
9. Grâce à quel indice l'homme risque-t-il d'être découvert ?

soucis. Ils lui revinrent en force. Il voulut les chasser en pensant à la jolie comédienne qui jouait le rôle d'Emma.

Un léger bruit de pas se fit entendre derrière lui alors qu'il verrouillait sa voiture.

Quelque chose le réveilla. Daniel mit quelques instants à comprendre ce que c'était. Un cri. Un toussotement bizarre qui se termina par une note suraiguë. Et puis des râles qui résonnèrent dans le silence de la nuit. Machinalement, il alluma la lumière. Ses yeux se mirent aussitôt à pleurer. Il les ferma et comme les râles s'accentuaient, il se leva lentement.

Il se dirigea vers la fenêtre à tâtons, sortit sur le balcon et rentra aussitôt, surpris par le froid. Il se rendit compte qu'il n'avait pas fermé les volets. Les râles s'étaient arrêtés net, mais la toux continuait.

Daniel eut très peur. Quelqu'un était peut-être blessé ? Il se demanda ce qu'il devait faire. Il voulut appeler, mais il se ravisa. Il ne savait même pas quelle heure il était.

L'homme avait donné plusieurs coups de couteau, espérant qu'au moins l'un deux serait mortel.

Il n'avait pu s'empêcher de tousser encore, et une lumière s'était allumée dans l'immeuble d'en face. Un gamin était apparu sur un balcon. L'homme s'était aussitôt rejeté en arrière, derrière un pilier, entraînant avec lui le corps inerte de Christian Franval. Il devait s'empêcher de tousser à nouveau, et s'étouffait presque. Le gosse était vite rentré dans l'appartement. L'homme avait laissé tomber le corps de sa victime et s'était précipité vers sa voiture.

Daniel entendit une voiture démarrer. C'était stupide. Il avait trop d'imagination. Il n'était pas dans un polar ! Il n'avait qu'à se recoucher et dormir. Il devait déjà être très tard. Il n'y avait jamais personne dans le quartier, la nuit… Mais si quelqu'un souffrait, là, dehors, à quelques mètres de lui ? Daniel rassembla tout son courage et tâtonna jusqu'au téléphone. Il compta et recompta les touches. Composa enfin le 1 puis le 7.

– Excusez-moi de vous déranger, monsieur, mais je crois qu'il y a quelqu'un de blessé en bas de chez moi… Enfin, je ne sais pas trop, j'ai entendu des cris.

Irina Drozd, *Un tueur à ma porte*, © éd. Bayard Jeunesse.

10 Ce texte est écrit selon les points de vue des différents personnages. Précise quels passages correspondent au point de vue de chaque personnage.

Je lis à haute voix

Lis, à haute voix, le passage dans lequel tu trouves que le suspense est le plus fort. Fais bien ressentir la montée du suspense. Joue sur l'intensité, le débit et l'intonation de ta voix.

Je donne mon avis

Qu'aurais-tu fait à la place de Daniel ?

J'ajoute des phrases à l'histoire

Écris ce que pourra dire Daniel lors de l'enquête.

1 Lire…

Sais-tu qui sont ces personnages ? Que font-ils ?

Une enquête pour Wiggins

Wiggins, adolescent de 15 ans, vend des journaux dans la rue. Avec ou sans ses copains, les Irréguliers, *il aide parfois Sherlock Holmes. Le grand détective lui a demandé de venir l'aider dans une affaire de meurtre. Frigorifié par le trajet, il se réchauffe avec un thé bouillant et une lichette de rhum.*

– Prêt pour une nouvelle aventure, Wiggins ?

Ce n'était même pas la peine de répondre, il me connaissait ! D'ailleurs, il n'a pas attendu pour continuer :

– Je suppose que vous n'avez jamais entendu parler de Violet Juniper. C'est une danseuse de cabaret assez connue. Elle a passé quelques mois à Paris, où elle a dansé aux Folies-Bergères. […] La pauvre petite a été étranglée. […]
L'inspecteur Lestrade m'a demandé de l'aider à trouver l'assassin, a poursuivi le détective. Cet imbécile y perd son latin, comme d'habitude. Je ne demanderais pas mieux que de lui rendre service, malheureusement je suis à la recherche d'un diadème disparu, sans compter une autre enquête extrêmement confidentielle dont m'a chargé le Premier ministre. J'ai pu cependant me rendre sur les lieux du crime, dans Paradise Walk, et j'y ai fait quelques constatations intéressantes. Là où Lestrade n'avait rien vu, j'ai découvert des traces de pas. Plus exactement, les traces d'*un* pas. De petites traces circulaires d'un diamètre d'environ un pouce. Qu'en pensez-vous, Wiggins ?

C'était bien la première fois que M. Sherlock Holmes me demandait mon avis. J'étais aussi affolé que si la reine Victoria en personne m'avait adressé la parole. Je ne sais pas comment j'ai trouvé le courage d'articuler :

– La trace d'une canne, peut-être ?

Je comprends

1. Qui est le narrateur dans ce récit ?
2. Fais la liste de tous les personnages. Relève les différentes manières dont ils sont désignés.
3. Quel rôle joue chaque personnage dans cet extrait : enquêteur, suspect, victime… ?
4. Pourquoi Sherlock Holmes confie-t-il une mission à Wiggins ?
5. Quels indices permettent à Sherlock Holmes d'être sur la piste du coupable ?
6. Quelle est la conclusion de Wiggins ?
7. Quelle est celle de Sherlock Holmes ?
8. Dans quel pays se passe l'histoire ? Relève les mots qui te l'indiquent.
9. Quel sens a le mot *pouce* (ligne 14) ?

M. Sherlock Holmes s'est tourné vers son ami le docteur Watson et est parti d'un grand éclat de rire. Je ne savais pas trop s'il se moquait de moi, et le docteur Watson n'avait pas l'air très fixé non plus. Mais le détective m'a rassuré :

– Bravo, Wiggins ! C'est admirable ! Remarquablement proche de la vérité ! Cependant, étant donné le diamètre de l'empreinte, je pencherais plutôt pour une jambe de bois, d'autant qu'une canne laisse rarement une marque aussi profonde dans un plancher… Mais j'ai trouvé mieux encore. Au grand dam de Lestrade qui me regardait d'un air horrifié, je me suis mis à quatre pattes pour renifler ces traces. Elles sentaient indubitablement le poisson ! Et maintenant, Wiggins, vous comprenez pourquoi je vous ai fait venir…

– Pour m'envoyer à la recherche d'un homme à la jambe de bois qui fréquente le Billingsgate Market ?

– Exactement ! Contentez-vous de le repérer et de découvrir où il habite, je me charge du reste. Pensez-vous pouvoir vous débrouiller seul, ou aurez-vous besoin de vos *Irréguliers* ?

Il y avait quelques mois que je ne voyais plus trop mes copains. J'avais comme la vague intuition que pour devenir quelqu'un il valait mieux travailler seul. C'est ce que j'ai expliqué à ma façon au détective. Il m'a donné une avance de quelques shillings et je les ai quittés, lui et son ami le docteur, avec l'impression que le plancher n'était pas tout à fait horizontal. Le rhum, sans doute ?

Cela venait peut-être aussi de l'idée qui m'avait frappé, comme ça, sans raison. J'avais réalisé d'un seul coup que j'allais quitter ce salon confortable pour retourner vendre mes journaux dans l'air humide et glacé, avant de dévorer un ou deux harengs et de m'assoupir en grelottant dans une pièce pleine de courants d'air. Pour peu que je perde mon travail de vendeur de journaux, je finirais dans une *workhouse*[1], et maman dans un hospice. Si je voulais devenir comme l'homme au profil d'aigle et aux yeux de lynx que j'admirais tant, il était temps de réaliser un exploit… en retrouvant tout seul le meurtrier de Violet Juniper.

Béatrice Nicodème, *Wiggins et le perroquet muet*, coll. « Souris noire », © éd. Syros.

1. Workhouse : Au Royaume-Uni, établissement qui accueillait les pauvres et les vagabonds en échange de leur travail. Les conditions de vie et de travail y étaient très pénibles.

10 Quand a régné la reine Victoria ? À quelle époque se situe le récit ?

11 Quels éléments font de cet extrait un passage de roman policier ?

Je donne mon avis

Aimerais-tu être l'assistant d'un grand détective ? Pourquoi ?

Je lis à haute voix

Lis à haute voix le passage qui parle des indices (lignes 12 à 30). Tu insisteras bien sur les mots qui détaillent ces indices.

J'ajoute une phrase à l'histoire

Écris une phrase qui indique l'étonnement de l'inspecteur Lestrade lorsqu'il voit Sherlock Holmes à quatre pattes en train de renifler les traces.

Savoir répondre à des questions sur un texte

Je réfléchis

1 Relis les questions 1, 4, 5 et 7 posées sur le texte *Un réveil en sursaut*, page 6. Relis les questions 1, 2, 6 et 8 posées sur le texte *Une enquête pour Wiggins*, page 8.

a. Où as-tu trouvé la réponse aux questions précédées du logo ?
b. Où as-tu trouvé la réponse aux questions précédées du logo ?
c. Comment as-tu fait pour répondre aux questions précédées du logo ?
d. Comment as-tu fait pour répondre aux questions précédées du logo ?

2 Quel logo correspond à chaque proposition ?

a. J'ai cherché la réponse à un endroit du texte.
b. J'ai cherché la réponse à plusieurs endroits du texte.
c. J'ai réfléchi à partir d'une ou plusieurs informations du texte.
d. J'ai cherché la réponse en utilisant mes connaissances, un dictionnaire ou sur Internet.

Conseil

Pour **répondre à une question,** je peux procéder de plusieurs façons :

- je cherche la réponse à **un endroit** ou à **plusieurs endroits** du texte ;
- je **réfléchis** à partir de ce que j'ai lu si la réponse n'est pas directement dans le texte ;
- j'utilise mes **connaissances** personnelles ou **je fais des recherches** si la réponse ne se trouve pas du tout dans le texte.

Dans ton manuel, les logos t'aident à trouver les réponses aux questions.

Je m'entraîne

3* Lis un autre passage du roman *Un tueur à ma porte* puis indique quel logo correspondrait à chaque question.

Marielle tendit une tartine beurrée à son fils.
– Oh Daniel ! S'il t'avait vu ? fit-elle d'une voix si inquiète que son fils manqua la tartine. Sa main battit stupidement dans le vide. Marielle s'en rendit compte et guida la main jusqu'au toast.

Irina Drozd, *Un tueur à ma porte*,
© éd. Bayard Jeunesse.

a. À quel moment de la journée se situe ce passage ?
b. Quel sens manque-t-il à Daniel ?
c. Quelle est la relation entre Marielle et Daniel ?
d. De quelle origine est le mot *toast* ?
e. Quels sont les personnages dans ce paragraphe ?

4* Des enfants expliquent comment ils ont répondu. À quel logo correspond chaque réponse ?

a. J'ai trouvé la réponse en réfléchissant à partir du texte.
b. J'ai trouvé la réponse sur le site lagrottedelascaux.fr.
c. J'ai trouvé la réponse aux lignes 12, 25 et 46.
d. J'ai trouvé la réponse à la ligne 16.

5 Trouve une question à poser sur ce texte pour chacun des logos.**

Dès le départ de l'inspecteur Chalabert, Daniel avait éteint toutes les lumières. Il se sentait mieux dans l'obscurité, il pouvait enlever ses lunettes. Grâce au collyre prescrit par l'interne, ses yeux ne brûlaient presque plus, et il reprenait espoir.

Irina Drozd, *Un tueur à ma porte*,
© éd. Bayard Jeunesse.

Méli mélo

Lis ce texte puis trouve le coupable.

Qui a tué François ?

Le commissaire Lebon arrive dans le magnifique domaine des Barandons. Un meurtre y a été commis : le propriétaire des lieux, un certain François, a été assassiné. Il a juste eu le temps de taper sur une calculette le nombre 351073 avant de mourir. Trois suspectes sont réunies dans la salle à manger, Éloïse, Nathalie et Martine. L'inspecteur regarde la calculatrice et déclare : « Je sais qui est la coupable. »

Le roman policier

Je me souviens

- **Dans les textes *Un réveil en sursaut* et *Une enquête pour Wiggins* :**
  - À partir de quel méfait (crime, vol…) les enquêtes vont-elles être menées ?
  - Quel rôle joue chaque personnage ?
  - Quels indices vont permettre de retrouver le coupable ?
  - Comment décrirais-tu l'atmosphère de chaque texte ?

Je retiens

- **Dans un roman policier,**

1 un **méfait** (un vol, un crime…) est commis ;

2 les **personnages** principaux sont une victime, un coupable, un enquêteur, des suspects et des témoins ;

3 des **indices** permettent d'établir des **preuves** pour expliquer ce qui s'est passé et résoudre l'énigme ;

4 l'enquête se déroule dans un **climat de mystère**, **de suspense**, parfois de peur.

Je m'entraîne

1* Voici des présentations de livres. Lesquelles ont les caractéristiques d'un roman policier ?

A. Je m'appelle Bug Muldoon. Je suis détective privé. Actuellement, je suis sur une histoire de disparition d'insectes. Et ce n'est pas une mince affaire, croyez-moi !

B. Une rose vaut bien plus que l'on ne croit. Parce que son père en déroba une pour ses beaux yeux, la Belle est contrainte de vivre aux côtés d'une Bête monstrueuse ! Mais les monstres ne sont pas toujours ceux que l'on croit…

C. Qui était au volant de la voiture qui a renversé Axel ? Contre l'avis général, Marion est convaincue que le coupable n'est pas Simon. Elle est bien décidée à découvrir la vérité et à le prouver. Avec l'aide de Chopin, son chat malin et grognon, elle mène l'enquête.

D. Dans un zoo, un enfant et un loup se regardent. Le loup n'a plus qu'un œil. Dans cet œil, il y a toute sa vie d'avant, sa vie sauvage dans l'Alaska menacée par les hommes. L'œil de l'enfant, lui, raconte la vie d'un petit Africain qui a parcouru toute l'Afrique pour survivre.

- **Recopie les mots ou les groupes de mots qui t'ont permis de répondre.**

2 ** Lis le texte puis réponds aux questions.**

Amédée, un jeune garçon, est devenu l'ami de Clodo, un clochard. Tous les jours, la mère d'Amédée dépose pour celui-ci de la nourriture au fond d'une poubelle. Mais personne ne savait que des truands cachaient de la drogue dans cette poubelle. Un jour, des hommes tentent d'assassiner Clodo. Amédée les voit et décide de mener son enquête. Les trafiquants le surprennent et l'emmènent dans une cave. Il sera sauvé par son amie Ludivine, mise sur la piste grâce à un sac oublié par les trafiquants.

D'après Jean-Loup Craipeau, *Gare au Carnage, Amédée Petipotage !* © éd. Nathan.

a. **Quel méfait est commis ?**
b. **Identifie chaque personnage et indique son rôle.**
c. **Relève tous les éléments qui contribuent à créer une atmosphère inquiétante.**
d. **Quel indice permettra de résoudre l'énigme ?**

Des mots pour évoquer la peur

Je réfléchis

1 **Observe cette couverture de roman policier.**
Trouve des mots ou des expressions qui décrivent ce que peut ressentir le personnage au premier plan.

2 **Dans cet extrait, relève les mots et les expressions qui expriment la peur.**

« Y a quelque chose de blanc par terre », l'entendit dire Buddy et, malgré la chaleur étouffante, il se sentit glacé. Il se retint même de respirer par crainte que son souffle ne fît frémir la couverture. [...]

Et de temps en temps, malgré le drap, il entendait marcher au-dessus de sa tête. Alors, il imaginait ce qui pouvait se passer là-haut et il se reprenait à trembler de tout son corps.

Longtemps après, tout se calma enfin. Il n'y eut plus de craquement au plafond.

Enfoui dans ses draps, trempé de sueur, Buddy entendit une porte s'ouvrir et quelqu'un descendre doucement l'escalier de l'immeuble, passer devant sa porte, continuer à descendre. Quelqu'un racla le mur, comme si cette personne portait une valise, et Buddy se mit à claquer des dents.

William Irish, *Une incroyable histoire*, trad. Maurice-Bernard Endrèbe, © éd. Syros.

3 **Lis ces phrases. Lesquelles décrivent la peur de Daniel ?**
Recopie les mots qui t'ont permis de répondre.

a. Daniel eut très peur. Quelqu'un était peut-être blessé ?
b. Daniel éclata de rire, et il serra la main d'Aurélia.
c. Daniel se sentait fatigué, ses yeux le piquaient terriblement.
d. Daniel poussa un cri de terreur et voulut échapper à l'étreinte de l'homme.
e. Daniel se sentait mieux dans l'obscurité, il pouvait enlever ses lunettes.
f. Dans sa panique, Daniel ne savait même plus si la porte se trouvait à gauche ou à droite.
g. L'homme le regardait. Daniel était totalement affolé. Qui pourrait le sauver ?

Des mots qui expriment la peur

Des synonymes de « peur »

l'affolement • l'angoisse • l'anxiété • l'appréhension • la crainte • l'effroi • le trac • l'émoi • la frayeur • la panique • la phobie • la terreur • l'épouvante • la hantise...

Des synonymes de « faire peur »

intimider • affoler • effaroucher • alarmer • alerter • menacer • terroriser • effrayer • inquiéter • glacer d'effroi...

Des expressions pour dire que l'on a peur

- avoir la gorge nouée • avoir le souffle coupé • avoir la chair de poule • prendre ses jambes à son cou • fuir à toutes jambes • avoir les dents qui claquent • avoir le sang qui se fige • avoir les doigts crispés • avoir les mains moites...
- étouffer un sanglot • retenir un cri • trembler de peur • transpirer • frissonner d'angoisse • être pétrifié...

Je m'entraîne

4 * Écris, à partir de chaque couple de mots, une expression pour dire que l'on a peur.

sang / glace • cœur / battre • cheveux / dresser

5 ** Complète chaque phrase avec un mot synonyme de « peur ».

a. Devant les souris je n'arrive pas à me raisonner, j'ai la ... des souris.
b. « J'ai le ... avant de jouer devant un public », déclare le violoniste.
c. Devant le feu, c'était la ... : tout le monde fuyait.
d. Je ne sais pas pourquoi, j'ai toujours une ... avant de prendre cette route de montagne.
e. Lorsque je dors sous la tente, j'ai la ... des orages.

6 ** Indique, pour chaque couple de mots, celui qui exprime la peur la plus forte.

a. le trac / la frayeur
b. l'émoi / l'affolement
c. la panique / l'appréhension
d. la hantise / l'épouvante

7 ** Associe chaque mot à la définition qui lui correspond. Aide-toi du dictionnaire.

a. l'émoi	1. Grande peur qui épouvante.
b. la panique	2. Trouble causé par la peur.
c. l'effroi	3. Peur d'un danger futur.
d. l'appréhension	4. Inquiétude pénible face à un danger.
e. l'angoisse	5. Peur que l'on ne peut contrôler.

8 * Complète le texte avec les mots de la liste. Fais les accords nécessaires et conjugue les verbes comme il convient.**

menaçant • prendre mes jambes à mon cou • horrifié • battre la chamade • la chair de poule • recroquevillé

Perdus dans le brouillard, nous trouvâmes refuge chez un couple de montagnards qui nous proposa de dormir, à l'étage, dans la réserve à provisions. Pendant la nuit, je fus réveillé par une querelle, je distinguai ces mots ...1 : « Eh bien ! Je les tuerai tous les deux ! » J'entendis ensuite des pas feutrés, quelqu'un montait à l'échelle d'accès à la réserve. J'étais ...2. Soudain, je vis un homme, une lampe à la main, un couteau entre les dents ! Je m'étais ...3 le long du mur, mon camarade dormait. J'avais ...4. J'aurais aimé ...5 mais je ne pouvais pas bouger. L'homme prit son couteau. Mon cœur ...6 mais il saisit un jambon et en coupa plusieurs tranches. Le lendemain, au déjeuner, deux canards étaient au menu ; je compris alors le sens de la phrase : « Je les tuerai tous les deux. »

Pour écrire un passage de roman policier, je dois :

1. imaginer un **méfait** : un vol, un assassinat, un enlèvement, une agression...
2. faire la liste des **personnages** et leur attribuer un rôle bien précis : enquêteur, suspect, victime, coupable... ;
3. apporter des **indices** qui permettront de résoudre l'énigme ;
4. indiquer ce que ressent(ent) le(s) personnage(s).

1 * Je raconte un moment-clé d'un roman policier

Situation 1 Je présente un méfait.

Choisis, dans chaque rubrique ci-dessous, un élément puis raconte quel méfait s'est produit. Écris une lettre à Sherlock Holmes pour lui présenter cette nouvelle affaire.

- **Les personnages :** un acteur célèbre • une milliardaire • un vieil homme • un clochard • un groupe de chanteurs • une fillette adoptée • des jumeaux • un bébé • un professeur • un gagnant du loto...
- **Le lieu :** une scène de théâtre • un salon • une école • un château • un terrain vague • un parc • une grange...
- **Le méfait :** un assassinat • un enlèvement • un vol • une dégradation...
- **Les objets :** des bijoux • de l'argent • un morceau de tissu • un vêtement • une lettre • un pistolet • un couteau de cuisine...

Situation 2 Je présente des indices et je formule des hypothèses.

Tu es un témoin qui découvre la scène dessinée ci-dessous. Raconte ce qui s'est passé : la découverte du méfait, les indices que tu as trouvés et les hypothèses que tu peux faire à partir de ces indices.

2 * * J'écris le début d'un roman policier

a

b

c

Situation 1 **Je raconte le début d'une histoire policière.**

■ **À partir des dessins, écris le début d'une histoire policière.**

a. Qui sont les personnages ? Présente-les.
b. Pour quelle(s) raison(s) ont-ils réalisé cette statue ?
c. Quel méfait s'est produit ?
d. Que peuvent ressentir les élèves ?
e. Quel élève commence à mener l'enquête ? Quel indice découvre-t-il ? Que décide la directrice ?

Situation 2 **J'écris le début d'une histoire policière sous forme de dialogue.**

■ **À partir des dessins, écris le début d'une histoire policière en faisant parler les élèves et la directrice. Tu peux t'aider des questions.**

a. Quel méfait a eu lieu ?
b. Quelles questions la directrice pose-t-elle aux élèves ? Que répondent-ils ?
c. Que dit l'élève qui découvre les traces sur le mur ?
d. Quelles hypothèses font les autres élèves à partir de l'indice relevé ?
e. À ton avis, que raconte la directrice à la police ?

3 * * * J'écris un épisode de roman policier

■ **Lis cette présentation de roman policier, puis écris un des quatre épisodes proposés ci-dessous.**

Que faire quand on a une bronchite ? se demande Philippe, seul dans sa chambre. Observer les voisins avec les jumelles de papa, c'est amusant. Mais ce jeu peut devenir très dangereux si les voisins cachent un gangster. Philippe et sa sœur Claudette veulent en savoir un peu trop sur le mystère de la maison d'en face. Et le gangster n'aime pas du tout les curieux.

Boileau-Narcejac, *La Villa d'en face*, © éd. Bayard Jeunesse.

Épisode 1 : **raconte ce que découvre Philippe en regardant avec ses jumelles.**

Épisode 2 : **raconte comment le gangster de la maison d'en face se rend compte qu'il a été reconnu et comment il va devenir dangereux pour Philippe.**

Épisode 3 : **raconte la peur que ressent Philippe quand il comprend que le gangster va s'en prendre à lui et ce qu'il fait pour lui échapper.**

Épisode 4 : **écris la fin de l'histoire. Qu'arrive-t-il au gangster et à Philippe ?**

J'améliore mon texte

Je vérifie mon épisode

1 * Je raconte un moment-clé

Situation 1 : J'ai clairement précisé le méfait.
Situation 2 : J'ai choisi plusieurs indices et j'ai émis des hypothèses à partir de ces indices.

2 ** J'écris le début d'un roman policier

- J'ai précisé pourquoi les élèves sont choqués par la disparition de la statue.
- J'ai raconté comment un élève trouve l'indice et quelles hypothèses font les autres élèves.

3 ***J'écris un épisode de roman policier

- J'ai respecté le rôle de chaque personnage.
- Je n'ai pas raconté d'événements invraisemblables.

Je vérifie comment j'ai écrit

1 * Je raconte un moment-clé

Situation 1 : J'ai écrit sous la forme d'une lettre.
Situations 1 et 2 : J'ai écrit à la 1re pers. du singulier.

2 ** J'écris le début d'un roman policier

Situations 1 et 2 : J'ai utilisé des mots précis pour désigner les personnages.
Situation 2 : J'ai bien disposé mon texte en dialogue.

3 * J'écris un épisode de roman policier**

- J'ai utilisé des mots qui précisent l'enchaînement des actions *(d'abord, puis, enfin…)*.
- J'ai inséré des mots pour évoquer la peur des personnages.

Je prends la parole

Explique à tes camarades pourquoi chaque personnage peut être suspect et quel indice pourrait l'accuser.

Au Château de Ferrières, on a volé le collier de la baronne. Trois personnes sont suspectées.

1. Céline Jorimé, la servante, en tablier blanc. Elle se dispute souvent avec sa patronne.
2. Emma de Mylaca, la fille, se parfume beaucoup. Elle a besoin d'argent.
3. Eliott Goussan, le chauffeur. Il vient d'être renvoyé. Il a toujours les mains pleines de graisse.

Pour te préparer

- Choisis un coupable puis l'indice que tu vas utiliser.
- Précise comment l'indice a été trouvé.
- Invente un petit scénario afin d'expliquer le vol.

Pour bien raconter

- Indique quel indice tu as découvert et comment.
- Termine en désignant le coupable et en expliquant les raisons de son méfait.

D'autres romans policiers à découvrir

* Thierry Lenain,
Pas de pitié pour les poupées B,
éd. Syros.

** Fiona Kelly,
Cachette surprise,
éd. Acte Sud Junior.

*** Paul Shipton,
Tirez pas sur le scarabée,
éd. Le Livre de Poche jeunesse.

Des héros insolites

Unité 2

1. Connais-tu ces personnages ?
2. Que sais-tu d'eux ?
3. Dirais-tu que ces personnages sont des héros ? Pourquoi ?

Dans ce chapitre, tu vas :

Lire des romans construits autour de héros insolites.

Écrire pour présenter un héros insolite.

Parler pour échanger des avis.

2 Lire...

Cette photo représente John Ronald Reuel Tolkien (1892-1973). Connais-tu des œuvres de cet auteur ? Sinon, fais une recherche dans une encyclopédie ou sur Internet.

Portrait d'un hobbit

Au fond d'un trou vivait un hobbit. Non pas un trou immonde, sale et humide, rempli de bouts de vers et de moisissures, ni encore un trou sec, dénudé, sablonneux, sans rien pour s'asseoir ni pour se nourrir : c'était un trou de hobbit, d'où un certain confort.

Sa porte, peinte en vert, était parfaitement ronde comme un hublot, avec un étincelant bouton de cuivre jaune placé exactement au centre. Elle s'ouvrait sur un hall en forme de tube, comme un tunnel ; un tunnel très confortable et sans fumée, avec des murs recouverts de lambris[1], un sol carrelé et garni de tapis, pourvu de chaises bien astiquées et de nombreuses patères[2] pour accrocher chapeaux et manteaux : ce hobbit aimait la visite. Le tunnel s'enfonçait profondément, presque en ligne droite mais pas tout à fait, dans le flanc de la colline – La Colline, comme tout le monde l'appelait à des lieues à la ronde – et de nombreuses petites portes rondes s'ouvraient de chaque côté, une à gauche, puis l'autre à droite. Le hobbit ne montait jamais d'escaliers : chambres, salles de bain, caves, garde-manger (nombreux), penderies (il y avait des pièces entières consacrées aux vêtements), cuisines, salles à manger – tout était au même étage et le long d'un même corridor. Les plus belles pièces se trouvaient toutes à gauche (en entrant), car c'étaient les seules à avoir des fenêtres, des fenêtres rondes, dans de belles niches, qui donnaient sur son jardin et sur les prés au-delà, descendant vers la rivière.

Ce hobbit était un hobbit fort bien nanti[3], et il s'appelait Bessac. Les Bessac habitaient les environs de La Colline de temps immémorial, et ils étaient vus comme des gens très respectables, non seulement parce que la plupart d'entre eux étaient riches, mais aussi parce qu'ils ne partaient jamais à l'aventure et ne faisaient jamais rien d'inattendu : on savait ce qu'un Bessac dirait de telle ou telle chose sans être obligé de lui poser la question. Cette histoire raconte comment un Bessac se trouva mêlé à une aventure, à faire et à dire des choses tout à fait inattendues. [...]

Je comprends

1. Quand on lit la première phrase, que peut-on s'attendre à découvrir ?
2. De quoi parle chaque paragraphe du texte ?
3. Quelles sont les caractéristiques physiques des hobbits ?
4. À quoi le narrateur compare-t-il la taille des hobbits ?
5. Qui sont les « Grandes Gens » (ligne 27) ?
6. Relève les mots qui indiquent ce que les hobbits pensent des hommes.
7. Quelle est la particularité « magique » des hobbits ?
8. Quel personnage est précisément présenté ? Qu'a-t-il de particulier ?
9. Où habitent les hobbits ?
10. Quels éléments du texte montrent que leur habitation est confortable ?

La mère de notre hobbit… Mais qu'est-ce qu'un hobbit ? Je suppose qu'il faut de nos jours en faire une description, puisqu'ils sont désormais rares et craintifs envers les Grandes Gens, comme ils nous appellent. Ce sont (ou c'étaient) des gens de petite stature, environ la moitié de notre taille, plus petits que les Nains barbus. Les hobbits, eux, n'ont pas de barbe. Ils n'ont à peu près rien de magique, sauf cette magie de tous les jours qui leur permet de disparaître rapidement et sans bruit quand de gros balourds comme vous et moi arrivent avec fracas, en faisant un bruit d'éléphant qu'ils peuvent entendre à des centaines de pieds. Ils ont tendance à prendre du ventre ; ils s'habillent de couleurs vives (surtout de vert et de jaune) et ne portent pas de chaussures, parce qu'ils développent un cuir naturel sous la plante des pieds et une épaisse touffe de poils bruns sur le dessus, semblable à leur chevelure (qui est frisée) ; ils ont de longs doigts foncés et agiles, un visage souriant et un rire franc et chaleureux – surtout après le dîner, qu'ils prennent deux fois par jour quand ils peuvent se le permettre. Maintenant, vous en savez assez pour la suite.

John Ronald Tolkien, *Le Hobbit*, traduit de l'anglais par Daniel Lauzon,

1. lambris : panneau en bois qui sert à recouvrir les murs d'une pièce.
2. patère : porte-manteau accroché à un mur.
3. nanti : riche.

Bilbon Sacquet ou Bilbo Baggins, personnage du dessin animé *The Hobbit*, de Jules Bass et Arthur Rankin JR. (1977).

Bilbo Baggins (Martin Freeman) dans le film de Peter Jackson *Le Hobbit, un voyage inattendu* (2012).

11 À qui le narrateur s'adresse-t-il dans la dernière phrase du texte ?

Je lis à haute voix

Lis le dernier paragraphe qui décrit les hobbits. Aide-toi de la ponctuation pour bien lire les phrases.

Je donne mon avis

Aimerais-tu vivre dans La Colline ? Pourquoi ?

J'ajoute une phrase à l'histoire

Écris la fin de cette phrase interrompue par l'auteur (ligne 25) : *La mère de notre hobbit…* Tu peux, par exemple, parler de son caractère, de ses habitudes, des sentiments qu'elle a pour son fils…

2 Lire…

Que peut-on acheter dans un grand magasin ?
Que vend le porteur de cette carte ?

Hermux se relooke

Hermux Tantamoq, un horloger, est à la recherche de son amie Linka Perflinker qui a disparu. Pup, un journaliste, le met sur une piste. Hermux devra changer d'apparence pour que personne ne le reconnaisse pendant son enquête.

Lorsqu'il pénétra dans son magasin, Hermux trouva un mot sous la porte.

Bonnes nouvelles, vieille souris !

Tout se goupille bien. Vous êtes inscrit à la clinique sous le nom de Torvin Pulmix, et attendu au dernier train de ce soir. La limousine du Dernier-Recours viendra vous chercher à la gare. Vous êtes un négociant en linoléum de Couver. C'est une ville située dans les collines qui bordent la frontière. Vous venez pour perdre du poids et soigner vos nerfs malades. Il vous faudra une valise et des vêtements neufs. Alors, allez faire des courses cet après-midi. Je vous rappellerai ce soir avec plus de détails.

Pup

– Des courses ? s'interrogea Hermux à voix haute. Je ne sais pas comment on s'habille, à Couver. D'ailleurs je n'y ai jamais mis les pieds. Et j'ignore tout du linoléum ! Ce n'est peut-être pas une si bonne idée que ça…

Il regarda la pendule. Il était déjà presque 14 heures. S'il se mettait en route maintenant, il aurait sans doute le temps de faire son shopping, voire de s'arrêter prendre quelques renseignements dans un magasin de lino. Peut-être pourrait-il aussi grignoter quelque chose en chemin : les beignets et les biscuits n'étaient déjà plus qu'un lointain souvenir.

Il ferma de nouveau sa boutique et partit en direction d'Orsik & Arrbale. Le grand magasin avait déjà installé ses vitrines d'été. Des familles de souris en maillots de bain écossais assortis dévoraient de somptueux pique-niques disposés

Je comprends

1 Quel est le personnage principal ? Que sais-tu de lui ?

2 Dans le mot que reçoit Hermux, que lui demande-t-on de faire ?

3 Comment s'appelle la clinique où doit se rendre Hermux ?

4 Hermux va-t-il réellement se faire soigner à la clinique ?

5 Qu'est-ce qu'une limousine ? Connais-tu d'autres types de voitures ?

6 Que voit Hermux dans les vitrines du grand magasin ?

7 Comment se comporte la vendeuse vis-à-vis d'Hermux ?

8 Pourquoi Hermux est-il « un peu sonné » à la sortie du magasin (ligne 47) ?

sur des nappes, écossaises également, à même l'herbe verte d'un pré. Des loutres toutes maigres, en maillot de bain riquiqui, batifolaient devant de luxueuses résidences au bord d'une rivière. Des visons déjeunaient à des terrasses de cafés chic, assis autour de tables minuscules. Des rats en costume de lin sillonnaient des routes de campagne sur leurs scooters. Hermux se sentit gagné par cette atmosphère joyeuse et estivale, jusqu'au moment où il tourna le coin de la rue et, débouchant sur l'avenue Villum, se retrouva devant une rangée de vitrines couvertes de papier blanc où s'étalaient de grandes lettres noires qui annonçaient l'arrivée prochaine du Millénium Tucka Mertslinn.

De mauvaise humeur, il franchit la porte tambour et plongea dans la foule du rez-de-chaussée.

– *Foin frais coupé* ? lui lança une jeune femelle écureuil rayé pleine d'allant, dans une robe rose vif moulante.

– Quoi ? demanda Hermux d'un ton irrité.

– Aimeriez-vous sentir *Foin frais coupé*, la nouvelle eau de toilette sport de Rizor Blissom ? [...]

– Non, répondit-il un peu trop vigoureusement. Puis il se ravisa. [...] Vous pourriez peut-être m'aider. Je vais aller passer quelques jours à Couver et j'aimerais m'acheter quelques tenues pour mon séjour. Je n'ai pas trop l'habitude de m'habiller sport.

Elle examina son costume de flanelle bleu coquille d'œuf de merle à la coupe impeccable, sa chemise jaune vif au col à pointes boutonnées, son nœud papillon imprimé de locomotives et ses élégantes chaussures à lacets.

– Je vois ce que vous voulez dire, répondit-elle d'un ton encourageant. Mais je pense que nous pouvons vous aider à trouver ce qu'il vous faut pour être parfaitement à l'aise pendant votre séjour.

Une heure et demie plus tard, Hermux, un peu sonné, s'apprêtait à ressortir du magasin. Il portait dans chaque main un grand sac plein de cartons et de paquets enveloppés de papier de soie.

– Au revoir, monsieur Tantamoq, gazouilla la gentille vendeuse. Je vous souhaite un très bon voyage, et je vous remercie d'avoir choisi Orsik & Arrbale pour vos achats.

Michael Hoeye, trad. Mona de Pracontal, *Hermux Tantamoq*, vol.1 « Le temps ne s'arrête pas pour les souris », © éd. Albin Michel Jeunesse, 2004.

9 Qu'ont en commun tous les personnages de ce texte ?

Je lis à haute voix

Lis, avec un(e) camarade, le dialogue entre la vendeuse et Hermux (lignes 32-52).
Il faudra montrer le changement de ton quand Hermux se ravise.

Je donne mon avis

Les lieux décrits dans cette histoire te semblent-ils complètement imaginaires ? Justifie ta réponse.

J'ajoute des phrases à l'histoire

Écris une ou deux phrases pour décrire l'une des tenues de sport que Hermux vient d'acheter.

2 Pour mieux lire

Comprendre ce qui n'est pas directement dit dans un texte

Je réfléchis

1 Lis ces extraits puis réponds aux questions.

A. Mais qu'est-ce qu'un hobbit ?
Je suppose qu'il faut de nos jours en faire une description, puisqu'ils sont désormais rares et craintifs envers les Grandes Gens, comme ils nous appellent.

- **À ton avis, qui sont les « Grandes Gens » ? Qu'est-ce-qui t'a aidé à le comprendre ?**

B. Le tunnel s'enfonçait profondément dans le flanc de la colline. […] Les plus belles pièces se trouvaient toutes à gauche (en entrant), car c'étaient les seules à avoir des fenêtres rondes qui donnaient sur son jardin et sur les prés.

- **Pourquoi seules les pièces qui se trouvent à gauche ont-elles des fenêtres ? Comment as-tu trouvé la réponse ?**

C. Vous êtes inscrit à la clinique sous le nom de Torvin Pulmix, et attendu au dernier train de ce soir. La limousine du Dernier-Recours viendra vous chercher à la gare.

- **En lisant ces lignes, peux-tu savoir quel est le nom de la clinique ?**

Conseil

Dans un texte, tout n'est pas toujours complètement écrit. Pour bien comprendre **de qui** ou **de quoi il est question**, le lecteur doit :

- **mettre en relation** les **informations** du texte ;
- se servir aussi de ses **propres connaissances**.

Les Grandes Gens sont les hommes. → Les hobbits nous appellent les Grandes Gens, donc les Grandes Gens sont les hommes.

La clinique où se rend Hermux est la clinique du Dernier-Recours. → Il faut rapprocher les noms *clinique* et *Dernier-Recours*.

Je m'entraîne

2* Relis le texte *Hermux se relooke* (pages 20-21), puis réponds aux questions.

a. **À quelle ligne la « jeune femelle écureuil rayé pleine d'allant » apparaît-elle ?**

b. **À quelle ligne le métier de cette jeune femelle est-il indiqué ? Pouvais-tu le savoir avant ? Qu'est-ce qui t'a permis de le comprendre ?**

3 Lis ce texte puis réponds par VRAI ou par FAUX à chaque affirmation. Justifie ta réponse.**

– Quinze et trois, dix-huit. Dix-huit et neuf… Zut, zut et rezut ! Maman, dix-huit et neuf ?
– Vingt-sept, répondit une voix paisible, sur fond de cliquetis de casseroles. […]
Mordillant méthodiquement le capuchon de son crayon à bille, Paméla termina son addition à trois chiffres avec retenues.
Ouf, ça y était !
Bon débarras. Elle allait enfin pouvoir lire le recueil de contes que son parrain Philibert lui avait offert pour son anniversaire. […]
Un museau brun et pointu apparut alors dans l'entrebâillement de la porte, tandis que Clochinette, la jeune sœur de Paméla, levait une patte suppliante :
Oh, Paméla, s'il te plaît, lis-le tout haut !

Jacqueline Held, *Le Chat de Simulombula*,
© éd. Gallimard, 1978.

a. Paméla compte l'argent qu'elle a dans sa tirelire.
b. Paméla fait ses devoirs.
c. La scène se déroule à l'école.
d. Paméla aime lire des contes.
e. Elle les lit de façon silencieuse.
f. Les personnages ne sont pas des êtres humains.

Méli mélo

Quels sont ces personnages insolites de bandes dessinées ?

1. Je suis jaune avec des taches noires, doté d'une très longue queue. Mon cri est « Houbba, Houbba ».
2. Je suis le petit chien blanc d'un célèbre reporter.
3. Je suis le chien du pénitencier où sont enfermés les Dalton. Je ne suis pas très intelligent !
4. Je suis une célèbre souris aux grandes oreilles rondes. Je porte toujours des gants blancs à quatre doigts.

Les héros insolites

Je me souviens

- **Souviens-toi du texte *Portrait d'un hobbit* (pages 18-19) :**
  - D'après ce que tu as lu dans ce texte, décris un hobbit.
  - Rappelle où vivent les hobbits.
- **Dans le texte *Hermux se relooke* (pages 20-21) :**
  - Qui est Hermux ?
  - Quels personnages voit-il dans la vitrine ?
  - Décris la vendeuse qu'il rencontre.

Je retiens

1 Certains romans mettent en scène des personnages qui ne sont pas des êtres humains. Ils peuvent être des **animaux** ou parfois même des **objets**.

2 L'auteur les décrit de façon détaillée en leur donnant des **caractéristiques humaines** : habillement, logement, activités, langage...

3 Ils évoluent parfois dans des **univers très particuliers** : des lieux imaginaires et étranges...

Je m'entraîne

1* Connais-tu ces personnages ? Qui sont-ils ? Classe-les dans la colonne du tableau qui convient.

Hercule • le Chat botté • Flash Mc Queen • Balou • Pinocchio • Gromit • Milou • le centaure Chiron • Excalibur • Bagherra • R2D2

êtres imaginaires	animaux	objets

2* Lis le texte puis réponds aux questions.

Alice, assise sur le talus à côté de sa sœur, vit soudain un Lapin Blanc aux yeux roses qui passa près d'elle en courant. Alice n'y vit là rien de particulièrement remarquable, pas plus qu'elle ne s'étonna d'entendre le Lapin dire entre ses dents : « Oh ! là ! là ! Oh ! là ! là ! je vais être en retard ! »... Tout de même quand le Lapin vint à tirer une montre de son gousset, consulta cette montre et se remit à courir de plus belle, Alice se leva d'un bond car il venait de lui traverser l'esprit qu'elle n'avait jamais vu de Lapin avec gilet, gousset et montre.

D'après Lewis Caroll, *Alice au pays des merveilles*.

a. Qui sont les personnages de cette histoire ?
b. Quelles caractéristiques le Lapin partage-t-il avec un humain ?
c. Pourquoi l'auteur a-t-il mis des majuscules à *Lapin Blanc* ?

3 Lequel de ces deux passages est extrait d'un roman ? Justifie ta réponse.**

A. Le goéland marin est omnivore et opportuniste. C'est un prédateur pour les œufs et les poussins des autres espèces telles que les autres goélands plus petits, les oiseaux de mer et les canards. Il est très agressif et peut même tuer les oiseaux adultes. Il se nourrit aussi de mammifères terrestres tels que rongeurs, lapins, rats et souris. Il capture les proies sur la rive ou près de la surface de l'eau.

B. Durant les quelques jours suivants, Jonathan s'efforça de se comporter à l'instar des autres goélands. Il s'y efforça vraiment, criant et se battant avec ses congénères autour des quais et des bateaux de pêche, plongeant pour attraper des déchets de poissons et des croûtons de pain. Mais le cœur n'y était pas. « Cela ne rime à rien, [...] il y a tant et tant à apprendre ! » se disait-il.

Richard Bach, *Jonathan Livingston le Goéland*, trad. Pierre Clostermann,© éd. Flammarion, 1970.

- **Dans quel autre type de livre pourrait-on trouver l'autre extrait ?**

2 Vocabulaire

Des mots pour présenter des personnages insolites

Je réfléchis

1 Lis ces textes puis réponds aux questions.

A. Ce sont (ou c'étaient) des gens de petite stature, environ la moitié de notre taille, plus petits que les Nains barbus. Les hobbits, eux, n'ont pas de barbe. Ils n'ont à peu près rien de magique, sauf cette magie de tous les jours qui leur permet de disparaître rapidement et sans bruit quand de gros balourds comme vous et moi arrivent avec fracas, en faisant un bruit d'éléphant qu'ils peuvent entendre à des centaines de pieds. Ils ont tendance à prendre du ventre ; ils s'habillent de couleurs vives (surtout de vert et de jaune) et ne portent pas de chaussures, parce qu'ils développent un cuir naturel sous la plante des pieds et une épaisse touffe de poils bruns sur le dessus, semblable à leur chevelure (qui est frisée) ; ils ont de longs doigts foncés et agiles, un visage souriant et un rire franc et chaleureux.

B. Chaque Nain de Daïn était revêtu d'un haubert d'acier qui lui descendait jusqu'aux genoux, et ses jambes étaient recouvertes de chausses faites de mailles d'un métal fin et flexible, dont le peuple de Daïn avait le secret. Au combat, ils maniaient de lourds bigots à deux mains ; mais chacun avait aussi au côté une courte et large épée et, suspendu dans le dos, un bouclier rond. Leur barbe était divisée en deux tresses qu'ils glissaient dans leur ceinture. Leur bonnet était de fer, ils étaient chaussés de fer et ils avaient une expression menaçante.

John Ronald Reuel Tolkien, *Le Hobbit,* DR.

a. Quels sont les personnages décrits dans chacun de ces extraits ?
b. Relève, pour chaque personnage, les mots qui donnent des précisions sur son apparence et sur son caractère.
c. Qu'est-ce qui rend ces personnages insolites ?

2 Relève, dans chaque texte, ce qui permet de comprendre que le personnage décrit n'est pas un être humain.

a. *Foin frais coupé* ? lui lança une jeune femelle écureuil rayé pleine d'allant, dans une robe rose vif moulante… Elle examina son costume de flanelle bleu coquille d'œuf de merle à la coupe impeccable, sa chemise jaune vif au col à pointes boutonnées, son nœud papillon imprimé de locomotives et ses élégantes chaussures à lacets.

b. Hermux retira sa loupe et regarda cette nouvelle cliente qui manifestait tant d'impatience. Linda Parker fronçait résolument les sourcils, ce qui n'allait pas du tout avec sa frimousse fraîche et enjouée. Elle ne portait pas la moindre trace de maquillage. Rien que sa fourrure naturelle, d'un brun foncé brillant. Elle arborait une casquette rouge piquée d'une plume vert vif, un pimpant foulard à carreaux et un blouson d'aviateur en cuir qui avait l'air un peu usé.

Mickael Hoeye, trad. Mona de Pracontal, *Hermux Tantamoq,* (vol.1) © éd. Albin Michel Jeunesse.

- **Relève les informations qui te permettraient de dessiner ces personnages.**

Des mots pour décrire un personnage insolite et son univers

Son apparence physique

• des sourcils broussailleux • une barbe tressée • de longs doigts foncés et agiles • une taille menue • une taille démesurée • une frimousse fraîche et enjouée • des yeux pétillants • une allure plein d'allant…
• biscornu • irrégulier • bancal • imberbe • colossal • imposant…

Son caractère

sourcilleux • menaçant • ombrageux • soupçonneux • belliqueux • prévenant • accueillant • enjoué • discret • audacieux • téméraire • intrépide • valeureux • étrange • curieux • surprenant…

Des attitudes peu ordinaires

disparaître sans bruit • rapide comme l'éclair • invisible • sachant lire dans les pensées • une intelligence hors du commun • une ouïe fine • une vue perçante…

Des accessoires anciens ou rares

un haubert • un bonnet de fer • une clé d'argent • un blouson d'aviateur • une montre à gousset un monocle • une hallebarde • un cimeterre • une massue en bois • un anneau magique…

Je m'entraîne

3* Choisis trois mots anciens puis cherche leur définition dans un dictionnaire ou sur Internet.

une bardiche • une brigandine • une rondache • une flamberge • des chausses • un capuchon • une pèlerine • une cotte • une tunique • un couvre-chef • une crinoline • des manches • une redingote • une ombrelle • un corset

• **Dans quelle rubrique du tableau ci-dessus rangerais-tu ces mots ?**

4* Associe ces noms à la couleur qui correspond.

a. ailes de corbeau
b. bouton d'or
c. brique
d. bonbon
e. perroquet
f. céleste
g. taupe

1. jaune lumineux et chaud
2. noir à reflets bleutés
3. rouge moyen
4. gris foncé, tirant très légèrement sur le brun
5. rose vif tirant sur le magenta
6. vert vif et clair
7. bleu clair comme le bleu du ciel

• **Quelles sont les couleurs qui peuvent servir à décrire les yeux ? les cheveux ? du tissu ? la carrosserie d'une voiture ?**

5 Complète cette description avec les mots de la liste. Aide-toi de l'illustration.**

plat • souterrains • aiguisées • l'ouïe fine • gris-vert • épaté • bras longs • nyctalopes • pointues • noir de jais • jaunes

Les Gobelins vivent généralement dans les (1). Ils ont des (2) qui descendent plus bas que leurs genoux. Leur peau varie du (3) au (4) suivant le clan auquel ils appartiennent. Ils ont un visage (5), un nez (6), des oreilles (7), des yeux (8) et des petites dents (9).
Les Gobelins savent se déplacer silencieusement, ont (10) et le sens de l'esquive. Sortant surtout la nuit, on dit qu'ils sont (11). Ils parlent le gobelin et leurs noms sont très gutturaux, comme : Glork, Nout'grout, Buzglob…

2 Écrire...

Pour présenter un héros insolite, je dois :

1. inventer un héros qui n'est pas humain : un être imaginaire, un animal, ou un objet...
2. lui donner des caractéristiques d'un être humain : des habits, un logement, des activités, un langage...
3. lui ajouter des éléments insolites et des aptitudes peu communes ;
4. décrire l'univers dans lequel il évolue.

1 * Je complète un texte par la description d'un personnage insolite

Situation 1

■ **Lis le début de ce conte et complète-le avec la description du Chat botté : son apparence physique, ses habits, ses qualités, ses pouvoirs...**

Un meunier ne laissa pour tous biens à trois enfants qu'il avait, que son moulin, son âne, et son chat. L'aîné eut le moulin, le second eut l'âne, et le plus jeune n'eut que le chat. Ce dernier ne pouvait se consoler d'avoir un si pauvre lot : « Mes frères, disait-il, pourront gagner leur vie honnêtement en se mettant ensemble ; pour moi, lorsque j'aurai mangé mon chat, et que je me serai fait un manchon de sa peau, il faudra que je meure de faim. »
Mais, ce n'était pas un chat comme les autres...

Charles Perrault, *Le Chat botté*.

Le Chat botté,
illustration de Maj Lindmann, 1932.

Situation 2

■ **Sur le modèle de la description de Linda Parker, exercice 2b page 24, continue le texte ci-dessous en imaginant la tenue vestimentaire de Birch Tentintrotter.**

Après un moment de répit et de vie paisible à Pinchester, la ville où cohabitent des rongeurs de toutes sortes, voilà qu'Hermux se retrouve à nouveau aventurier malgré lui. Il propose à son ami Birch Tentintrotter, un vieil écureuil rayé, de partir à la recherche d'une civilisation perdue.

2 ** Je présente des personnages insolites

L'elfe Legolas (Orlando Bloom) dans la trilogie *Le Seigneur des Anneaux*, film de Peter Jackson, 2001.

Situation 1

- **À l'aide de la description et de la photographie, présente les elfes. Où vivent-ils ? Quelle est leur apparence ? Quels sont leurs pouvoirs ?**

Comme les hobbits et les Nains, les **elfes** sont des personnages imaginaires utilisés par Tolkien. Ils peuvent exercer des pouvoirs magiques sur la forêt ou sur les animaux et ils sont de redoutables archers.

Situation 2

- **Présente un de ces lutins. Nomme-le et donne-lui des pouvoirs. Tu peux en faire un personnage bienveillant ou malfaisant.**

Les **lutins** sont des créatures nocturnes de très petite taille réputées pour leur espièglerie, leurs capacités à se transformer ou à se rendre invisibles. Ils aiment vivre dans les foyers humains et faire des farces.

3 *** J'imagine un personnage insolite

- **Pour décrire le personnage insolite que tu as imaginé, réponds d'abord aux questions suivantes. Tu peux t'aider des mots du tableau, page 25.**

- Qui est-il ? Donne son nom, son âge.
- Est-ce une créature imaginaire, un animal ou un objet ?
- Quelle taille a-t-il ? Quelle est sa corpulence ? Est-il petit, grand, menu, gros... ?
- À quoi ressemble-t-il ? Décris son visage, ses vêtements...
- A-t-il des signes particuliers ? Quels accessoires possède-t-il ?
- Quels pouvoirs a-t-il ?

J'améliore mon texte

Je vérifie la présentation de mon personnage insolite

1 * Je complète un texte par la description d'un personnage insolite
Situations 1 et 2 : J'ai donné au chat ou à Birch des vêtements et des accessoires qui les rendent insolites.

2 ** Je présente des personnages insolites
Situation 1 : J'ai décrit les elfes et leur univers en utilisant des mots du tableau, page 25.
Situation 2 : J'ai décrit les lutins et j'ai précisé les pouvoirs dont ils disposent.

3 * J'imagine un personnage insolite**
- J'ai inventé un personnage insolite que j'ai nommé.
- Ma description est précise : aspect, vêtements, accessoires.
- J'ai indiqué les pouvoirs dont il dispose.

Je vérifie comment j'ai écrit

- J'ai utilisé le présent ou le passé (imparfait ou passé composé).
- J'ai utilisé des noms propres, des pronoms personnels, des expressions… pour désigner le héros insolite.
- J'ai utilisé des adjectifs variés.
- J'ai utilisé des mots du tableau, page 25.
- J'ai bien accordé les adjectifs avec les noms.

Je prends la parole

Avec tes camarades, tu vas débattre de cette question : peut-on croire à un personnage de roman quand il n'est pas un être humain ?

Pour te préparer

- Prends position sur la question : « oui » ou « non ».
- Cherche des arguments en faveur de ta réponse.
- Illustre tes arguments par des exemples.

Pour bien débattre

- Écoute bien tes camarades. Respecte-les même si tu n'es pas d'accord avec leurs idées.
- Attends ton tour pour parler.
- Expose tes idées en expliquant tes raisons « pour » ou tes raisons « contre ».

D'autres héros insolites à découvrir

* *Histoire d'une mouette et du chat qui lui apprit à voler*, Luis Sepúlveda, éd. Seuil Jeunesse.

** *L'Araignée est une fine mouche*, Emmanuel Trédez, éd. Nathan Jeunesse.

*** *Tobie Lolness*, (tome 1), Timothée de Fombelle, éd. Gallimard Jeunesse.

Des documentaires géographiques

1. Quel titre proposerais-tu pour cette photographie ?
2. Décris ce que tu vois en utilisant des termes de géographie.
3. De quoi parlerait un livre qui aurait cette image en couverture ?

Dans ce chapitre, tu vas :

Lire des textes documentaires de géographie.

Écrire un documentaire sur ton village, ta ville ou ta région.

Présenter un lieu célèbre.

3 Lire...

Quand tu entends le mot « désert », à quoi penses-tu ?

QU'EST-CE QU'UN DÉSERT ?

C'est l'aridité, c'est-à-dire l'absence ou l'insuffisance d'humidité, qui caractérise avant tout un désert. En effet, qu'ils soient chauds ou froids, les déserts sont des régions où il pleut rarement et où les précipitations sont irrégulières. Les températures, souvent extrêmes, accentuent la sécheresse de l'atmosphère et rendent toute vie difficile. La végétation est rare et clairsemée.
Il existe cependant plusieurs degrés d'aridité et les déserts hyper arides, vides de toute forme de vie ou presque, sont peu nombreux.
Les déserts couvrent un tiers de la surface des continents.

Où se situent les déserts ?

On en trouve sur tous les continents, sauf en Eur
Les déserts chauds sont situés près des tropique
Les températures n'y varient guère tout au long de l'année et atteignent des records : + 78 °C l'ét dans certaines régions du Sahara. Il fait beaucou plus frais dans les déserts côtiers, qui longent l'océan. Les déserts froids (jusqu'à – 50 °C en hiv se trouvent à des latitudes plus grandes.
L'Antarctique est un désert polaire.

*Bien que bordant l'océan, un **désert côtier** est très aride : des courants froids font chuter la température de l'eau, ce qui assèche l'atmosphère. Seule la brume, qui se forme au contact de l'eau froide et du sol brûlant, apporte un peu d'humidité.*

Désert d'Atacama (Chili)

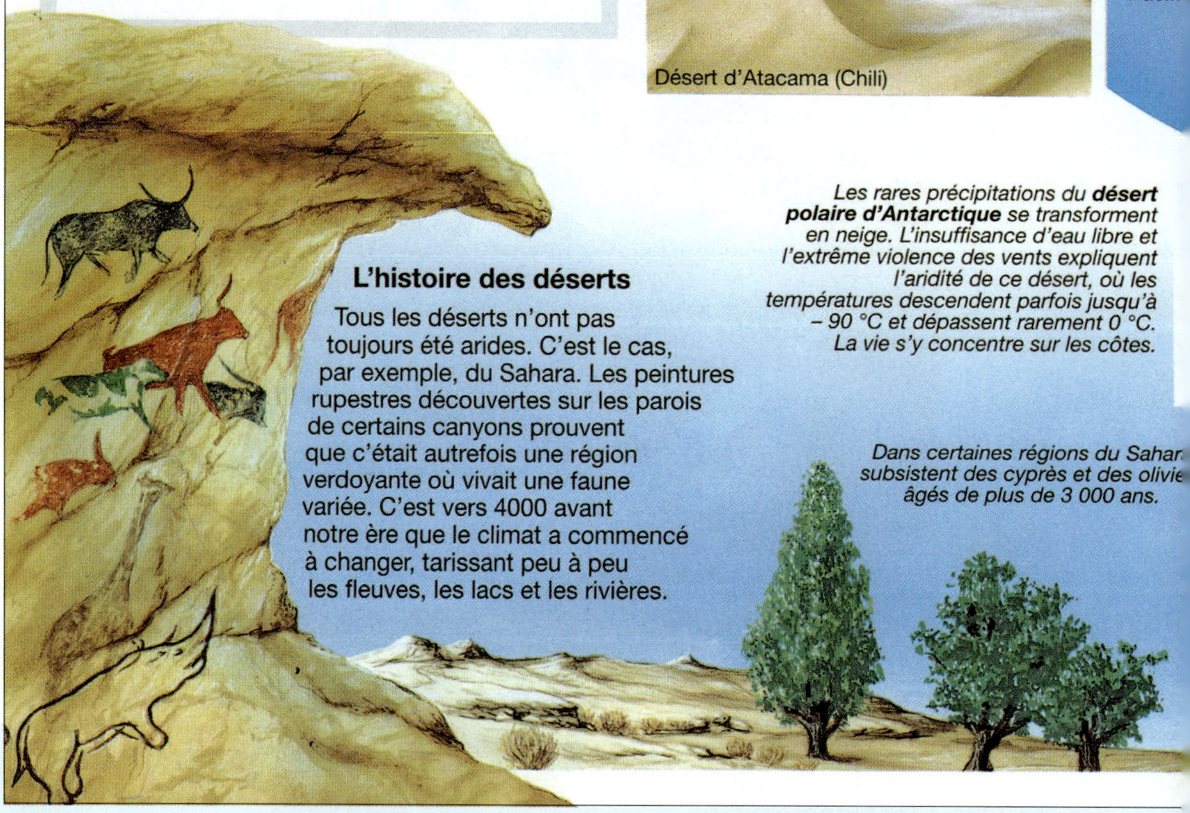

*Les rares précipitations du **désert polaire d'Antarctique** se transforment en neige. L'insuffisance d'eau libre et l'extrême violence des vents expliquent l'aridité de ce désert, où les températures descendent parfois jusqu'à – 90 °C et dépassent rarement 0 °C. La vie s'y concentre sur les côtes.*

L'histoire des déserts

Tous les déserts n'ont pas toujours été arides. C'est le cas, par exemple, du Sahara. Les peintures rupestres découvertes sur les parois de certains canyons prouvent que c'était autrefois une région verdoyante où vivait une faune variée. C'est vers 4000 avant notre ère que le climat a commencé à changer, tarissant peu à peu les fleuves, les lacs et les rivières.

Dans certaines régions du Sahar subsistent des cyprès et des olivie âgés de plus de 3 000 ans.

Je comprends

1 Quels sont les différents éléments qui composent ce document ?

2 Qu'est-ce qui caractérise un désert ?

3 Quelle surface des continents les déserts couvrent-ils ?

4 Quel est le désert désigné par le n° 23 ? Dans quel pays se trouve-t-il ?

5 Où se trouve le Désert de sable blanc ? Comment as-tu fait pour répondre ?

6 Quelles sont les températures record dans certains déserts ?

7 Où souffle le vent appelé le « loo » ?

8 Pourquoi la température baisse-t-elle beaucoup la nuit dans les déserts chauds ?

s montagnes qui cernent le ***kla-Makan*** *font obstacle aux its porteurs de pluie, d'où son dité extrême. Comme dans s les déserts froids, l'hiver long et glacial, et l'été chaud.*

Désert de Takla-Makan (Chine)

1. Désert Navajo
2. Mohave
3. Sonora
4. Vallée de la Mort
5. Désert de sable blanc
6. Nazca
7. Atacama
8. Désert patagon
9. Sahara
10. Danakil
11. Namib
12. Kalahari
13. Désert d'Iran
14. Désert d'Arabie
15. Thar
16. Karakoum
17. Kysilkoum
18. Gobi
19. Takla-Makan
20. Chang-Thang
21. Désert des Pénitents
22. Simpson
23. Sturt
24. Grand Désert de Sable
25. Antarctique

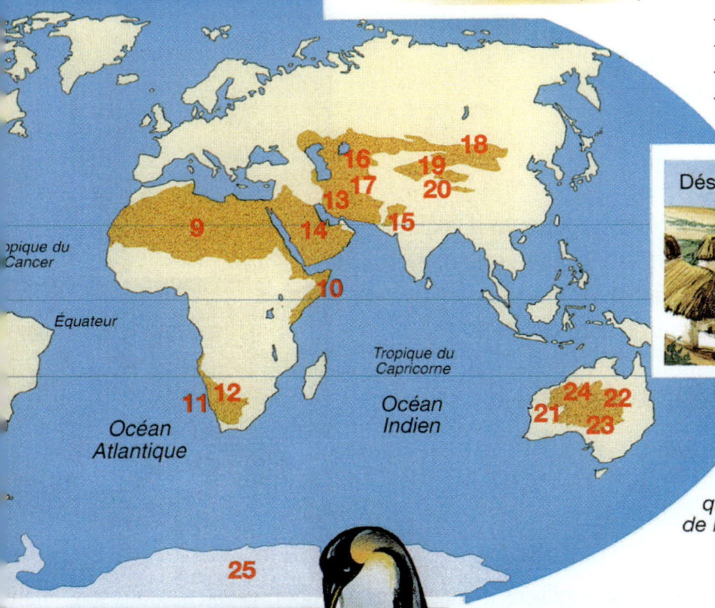

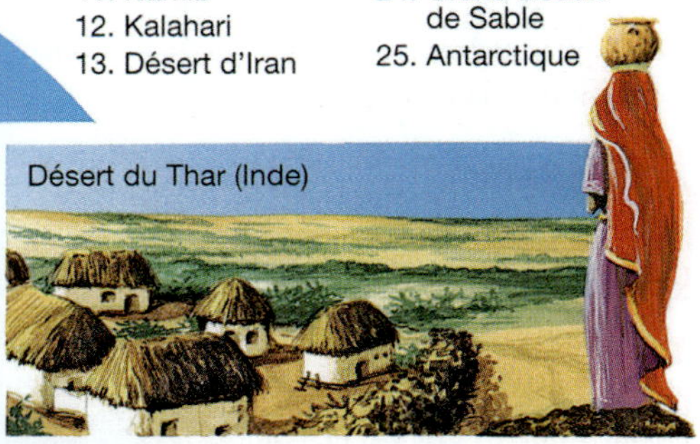

Désert du Thar (Inde)

Dans le Thar souffle un vent brûlant, le loo. Les grands écarts de température entre le jour et la nuit (jusqu'à 50 °C !), communs à tous les déserts chauds, sont dus au fait qu'aucun nuage n'empêche l'évaporation de la chaleur au crépuscule.

ésert polaire d'Antarctique

Les dernières caravanes

Autrefois, on ne pouvait pas franchir un désert sans l'aide des chameaux. Pour convoyer des marchandises, que l'on vendait ou échangeait (sel, mil, laine...), des files de chameaux, appelées caravanes, traversaient les vastes étendues arides, faisant halte dans les oasis. Aujourd'hui, les camions ont remplacé l'animal et les caravanes sont de plus en plus rares.

dromadaire, chameau à une bosse des déserts uds, est appelé « vaisseau du désert » car eut traverser aisément d'immenses contrées les, en transportant de lourdes charges.

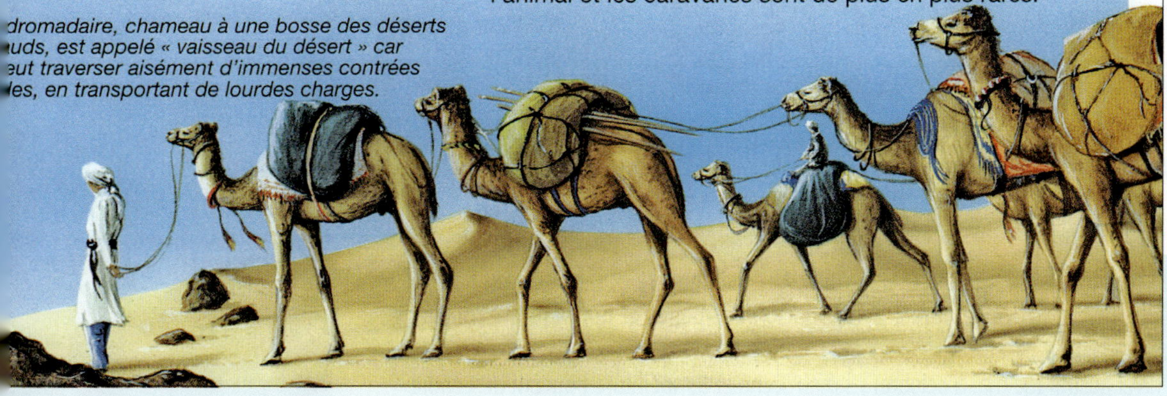

Les Déserts, coll. « La grande imagerie », © éd. Fleurus.

9 Explique le titre du paragraphe « Les dernières caravanes ».

10 Qu'est-ce qu'un « vaisseau du désert » ?

11 Qu'est-ce qu'une peinture rupestre ?

Je lis à haute voix

Lis un paragraphe de ton choix. Entraîne-toi à prononcer les noms des déserts s'il en contient.

Je donne mon avis

Aimerais-tu faire une randonnée dans un désert ? Lequel ? Pourquoi ?

J'ajoute une phrase au documentaire

Écris une phrase pour décrire les manchots de l'image « Désert polaire d'Antarctique ».

http://www.encyclopedie-enfants.fr/

La Réunion

La Réunion est une île française qui se trouve dans l'océan Indien, dans l'hémisphère sud.
Elle se situe à environ 250 km de l'île Maurice et 800 km de Madagascar.
L'île se trouve à environ 10 000 km de la métropole (France).

Accueil

Chercher

Imprimer

English

Aide

D'autres informations sur La Réunion

- Histoire
- Culture
- Agriculture
- Tourisme

1 La population

Les habitants sont issus d'un important métissage entre des populations d'origines variées : les premiers Européens installés sur l'île au XVIIe siècle qui se sont mélangés au fil du temps (les *Yabs**), les Africains du continent et de Madagascar (les *Cafres**), les Indiens du sud de l'Inde (les *Malbars**), les Indiens du nord de l'Inde (les *Zarabes**) et les Chinois (les *Sinois**).
De ce mélange est née la culture créole avec sa langue, sa cuisine épicée, ses musiques et ses danses.
Les Français de la métropole s'appellent les *Zoreils**.

* Mots en créole.

2 Les paysages

La Réunion est une île volcanique et montagneuse née il y a 3 millions d'années lors d'éruptions volcaniques sous-mari

Le piton des Neiges (3 070 m) est un volcan éteint.

Le piton de la Fournaise (2 630 m) est un des volcans les plus actifs de la planète.

Le gouffre du Trou de Fer fait 300 m de profondeur.

À l'ouest de l'île, la barrière de corail s'ét sur 25 km.

3 Le climat

L'île possède un climat tropical humide. On distingue deux saisons dans l'année :
- l'été austral (de novembre à avril) : saison des pluies et température moyenne de 31°C sur la côte ;
- l'hiver austral (de mai à octobre) : saison sèche et température pouvant descendre jusqu'à 17°C sur la côte.

La partie est de l'île, dite *au vent*, est fortement exposée au vent et à la pluie ; la partie ouest, dite *sous le vent*, en est protégée grâce aux montagnes.
Les températures varient en fonction de l'altitude : sur le littoral, il fait entre 17°C et 31°C, alors qu'en montagne, les températures chutent en dessous de 0°C en hiver.
L'île se trouve dans une zone où sévissent les cyclones entre les mois de janvier et de mars. Les vents dépassent parfois 200 km/h et les pluies sont très intenses.

Les fougères arborescentes poussent dans les forêts humides.

4 La faune et la flore

Les micro-climats de l'île, son relief, les courants marins mais aussi les plantes importées ont donné une flore extrême riche et variée. La faune est moins riche que la flore. Mais certains animaux sont endémiques : on ne les trouve nulle ailleurs !

Le tec-tec : un oiseau endémique.

ys	France
tut	département et région d'outre-mer (DROM), numéro 974
ef-lieu	Saint-Denis
es principales	Saint-Pierre, Saint-Paul, Saint-Benoît
perficie	2 512 km²
pulation	839 500 habitants
nnaie	l'**euro**
gues principales	le français et le créole réunionnais
ns des habitants	les Réunionnaises et les Réunionnais
ıx remarquables	le parc national (qui représente 40 % de l'île) est classé au patrimoine mondial de l'**UNESCO**

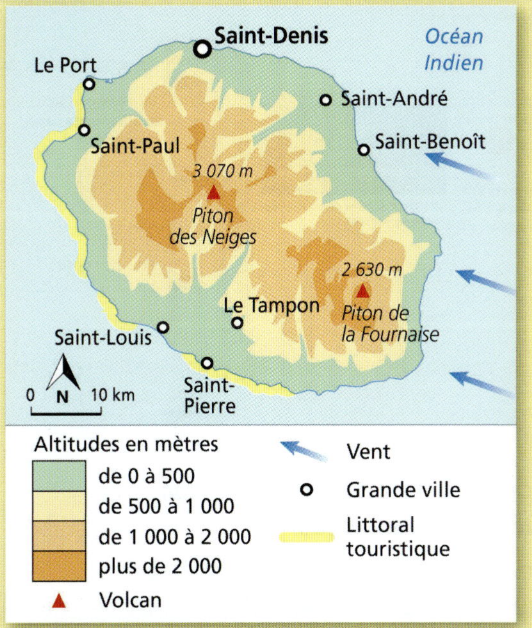

coraux, très abîmés par les hommes, t aujourd'hui protégés.

La vanille « Bourbon », appréciée dans le monde entier.

Qu'est-ce qu'un DROM ? En connais-tu ? Où peux-tu trouver un document comme celui-ci ?

Je comprends

1. Quels sont les différents éléments qui composent ce document ?
2. Qu'est-ce que le métissage de la population ?
3. Quelles langues parle-t-on à La Réunion ?
4. Comment s'est formée cette île ?
5. Quels noms portent les saisons ?
6. La ville de Saint-Pierre est-elle dans la partie de l'île *au vent* ou *sous le vent* ? Et la ville de Saint-Benoît ?
7. Pleut-il plus à Saint-Pierre ou à Saint-Benoît ?
8. Que signifie « endémique » ?
9. Qu'est-ce que l'UNESCO ?
10. Pourquoi certains mots sont-ils en bleu ?
11. Si tu étais sur Internet, que se passerait-il si tu cliquais sur le mot « English » dans le bandeau de gauche ?

Je lis à haute voix

Lis le troisième paragraphe sur le climat. Certaines phrases sont longues, respecte bien les virgules pour donner du sens à ta lecture.

Je donne mon avis

La Réunion est une île volcanique ; est-ce dangereux d'habiter sur cette île ?

J'ajoute des phrases au documentaire

Écris quelques phrases pour expliquer un des mots en bleu suivants : hémisphère sud, océan Indien, cyclone.

Se repérer dans une page d'un site Internet

Je réfléchis

1 À partir de la reproduction de la page Internet sur La Réunion (pages 32 et 33), indique ce que tu pourrais faire pour :

a. Chercher des informations sur un autre sujet.
b. Avoir des informations sur Madagascar.
c. Lire le paragraphe sur l'histoire de La Réunion.
d. Obtenir une version imprimée du document.
e. Dire à quelqu'un comment aller sur ce site Internet.

- **Que se passerait-il si tu cliquais sur « accueil » ?**

Conseil

Pour se repérer **dans une page sur Internet**, il faut **observer les éléments** qui la composent et savoir à quoi ils servent. Souvent, on retrouve :

- **la barre d'adresse**, en haut : en tapant une adresse, on accède à un site Internet ;
- **des sommaires interactifs** (des menus ou des onglets) : en cliquant dessus, on accède à de nouvelles pages ;
- **une zone de recherche** : en tapant un mot, on lance une recherche sur ce mot dans les pages du site ;
- **des mots écrits d'une couleur différente** dans le texte : en cliquant dessus, on obtient des informations sur ces mots.

Je m'entraîne

2* Indique à quels éléments d'une page Internet correspondent les numéros. Aide-toi du « Conseil ».

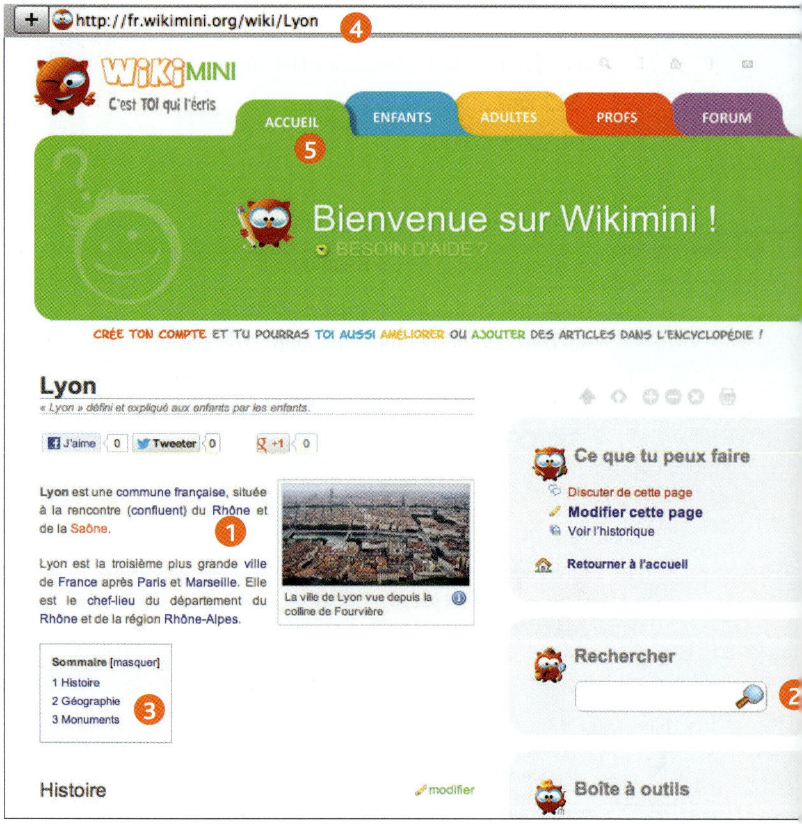

3 ** **À partir de la page Internet ci-dessus, réponds aux questions suivantes.**

a. Ton professeur souhaite ajouter des informations sur cette page, sur quoi doit-il cliquer ?
b. Que se passe-t-il si on clique sur le mot « Marseille » ?
c. Que peut-on faire pour avoir des renseignements sur la ville de Toulouse ?

Méli mélo

Voici le refrain d'une chanson traditionnelle de La Réunion. Le comprends-tu ?

Ti flèr fané / Ti flèr émé / Di amoin touzour / Kouk sé lamour

Paroles de Georges Fourcade.

Petites fleurs fanées / Petites fleurs aimées / Dites-moi toujours ce qu'est l'amour.

Le documentaire géographique

Je me souviens

■ **Dans les documentaires de cette unité :**

- Quels sont les thèmes abordés ?
- De quels éléments sont composés ces documentaires ?
- À quelles personnes et à quels temps les textes sont-ils écrits ?

Je retiens

1 **Le texte documentaire de géographie** regroupe des informations **sur un thème relatif à l'étude de la Terre** :
– **des territoires :** continents, pays, régions, chaînes montagneuses, fleuves, mers, pôles, déserts…
– **des phénomènes naturels ou humains :** climat, sécheresse, population…

2 **Le titre** et **l'introduction** donnent une indication sur **le thème** du texte documentaire.

3 Le texte est souvent organisé **en paragraphes** avec **des sous-titres**.

4 En plus des textes, un documentaire géographique est composé d'une ou de plusieurs **illustrations** (cartes, photos, dessins…), expliquées par **des légendes**.

Je m'entraîne

1 * Parmi ces titres, lesquels sont des titres de documentaires géographiques ?

Au temps des rois • La reproduction des mammifères • Les mers et les océans • La population mondiale en 2013 • La germination du haricot • Les paysages du Maroc

2 ** Voici des titres de documentaires géographiques. De quoi parlent-ils ? Classe-les en trois colonnes : *les territoires* / *les phénomènes naturels* / *les phénomènes humains*.

L'Afrique équatoriale • L'Auvergne • La francophonie • La fonte des glaciers • Le Toit du monde • La pauvreté dans le monde • Les grandes métropoles • L'Asie du Sud-Est • Les ressources pétrolières dans le monde

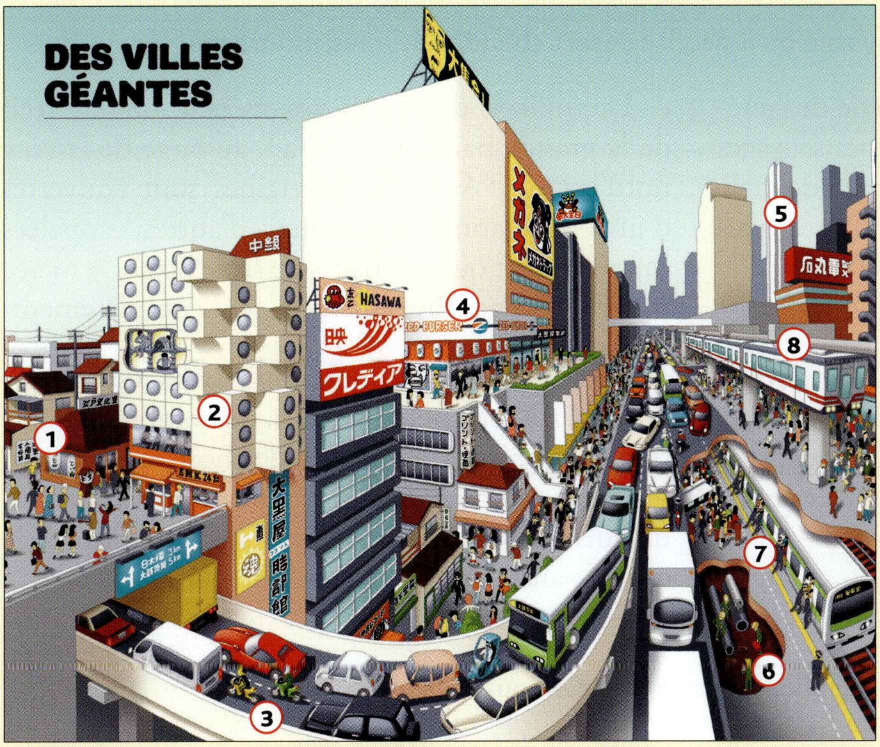

Le Monde d'aujourd'hui, coll. « Dokéo », © éd. Nathan.

3 * Observe cette repoduction d'une page documentaire sur la ville de Tokyo. Associe chaque légende au numéro du dessin qui convient.**

a. Dans la partie ancienne de la ville, il subsiste des maisons traditionnelles.
b. Les rocades contournent le centre de la ville pour rendre la circulation moins dense.
c. Le métro et ses pousseurs chargés de tasser les voyageurs.
d. Le quartier d'affaires abrite les sièges d'entreprises dans des gratte-ciel.
e. Il y a si peu de place que des hôtels proposent des chambres capsules.
f. Le réseau d'égout.
g. Comme dans les autres grandes villes, il existe des fast-foods.
h. Le métro suspendu.

Des mots pour décrire un paysage

Je réfléchis

1 Associe chaque texte à la photo qui correspond. Relève les mots qui t'ont permis de répondre.

a. La rive nord du Grand Canyon est située dans le nord de l'Arizona. La gorge est bordée de parois escarpées et, du plateau, on a une vue panoramique vers le sud, l'est et l'ouest. L'altitude moyenne est de 2 400 m, le climat est frais et l'air très pur.

b. Dans un paysage agricole de Provence, on distingue immédiatement les champs de lavande. Leurs couleurs contrastent avec les herbes jaunies par le soleil et les arbres clairsemés qui délimitent les routes et les chemins. Dans cet espace rural, on remarque quelques mas ou hameaux isolés.

1

2

2 Associe chaque texte au type de paysage qu'il décrit : désert chaud, ville, mer, montagne.

a. On peut voir, dans ce paysage qui s'étend de l'intérieur du continent africain jusqu'aux terres sauvages et désolées de la côte Atlantique, des dunes de sable particulièrement hautes. La nuit, un brouillard épais venant de l'océan apporte l'humidité nécessaire à la survie de quelques animaux et plantes.

b. Cette chaîne asiatique s'étend sur huit pays et inclut les cent plus hauts sommets du monde. Certains sont encore plus difficiles à atteindre que l'Everest à cause de leurs crêtes déchiquetées et de leurs pentes abruptes.

c. Des milliers d'îles sont dispersées le long du récif de la grande barrière de corail, au large de la côte nord-est de l'Australie. Certaines sont couvertes d'une végétation luxuriante, d'autres, appelées cayes, ne sont que des bancs de sable blanc. À marée haute, certaines cayes disparaissent complètement.

d. Cette grande métropole européenne est la capitale de l'Allemagne. Divisée en de nombreux quartiers, elle présente beaucoup de choses à voir, dans son centre comme dans sa périphérie. Les transports urbains assurent une couverture quasi-complète de la capitale aussi bien de jour que de nuit.

3 Classe les mots qui t'ont permis de répondre à l'exercice 2 en quatre séries : désert chaud / ville / mer / montagne.

Des mots pour décrire un paysage

Le bord de mer

- **des noms :** la mer • l'océan • la côte • le littoral • le rivage • la plage • la falaise • le récif • la baie • la houle • la marée • l'écume • une vague • une île • le sable • un estuaire...
- **des adjectifs :** calme • plat • démonté • limpide • bleu • salé • vaste...

La campagne

- **des noms :** le pré • le champ • la prairie • un verger • une haie • la colline • la forêt • la clairière • l'orée • le bois • les arbres • le chemin • le ruisseau • l'herbe • le village • le hameau...
- **des adjectifs :** rural • vallonné • agricole • arboré...

Le désert

- **des noms :** le désert de sable • la dune • l'oasis • le désert de glace • le désert de roches...
- **des adjectifs :** aride • froid • glacial • chaud • brûlant • désertique • inhabité...

La ville

- **des noms :** la maison • l'immeuble • le gratte-ciel • la place • la rue • l'avenue • le trottoir • le parc • les magasins • le mobilier urbain • les transports urbains • un quartier • le centre-ville • la périphérie...
- **des adjectifs :** urbain • pavillonnaire • pollué...

La montagne

- **des noms :** le sommet • l'aiguille • l'arête • la cime • le col • la crête • la pente • une chaîne • un massif • un plateau • une vallée • une gorge • un ravin • une combe • le dénivelé • la neige • la roche • le lac...
- **des adjectifs :** enneigé • volcanique • rocheux • rocailleux • élevé • abrupte • escarpé...

Je m'entraîne

4* Associe chaque mot à sa définition

l'écume • l'orée • une combe • le gratte-ciel

a. Vallée étroite.
b. Immeuble très haut.
c. Mousse qui se forme à la surface d'un liquide.
d. Lisière, bordure d'un bois.

5 Complète le texte avec les mots de la liste.**

quartier • colline • pentes • plateau • falaises

La Croix-Rousse est une 1 de la ville de Lyon. Mais c'est également un 2 situé sur cette même colline, que l'on distingue en deux éléments : les 3 et le 4, qui culmine à 254 mètres. Certains versants, appelés « Balmes », sont de véritables 5 de 20 à 40 m de hauteur. Des éboulements spectaculaires ont d'ailleurs eu lieu en 1932 et 1977.

6* Relève les phrases qui ne peuvent pas correspondre à un paysage réel.**

a. Au sommet du mont Blanc, il y a une forte marée.
b. Les immeubles sont situés à la périphérie de la ville.
c. Dans cette oasis s'étend une forêt.
d. Sur cette colline, on vient d'aménager un parc.
e. En banlieue, on voit des pavillons.
f. La plage est escarpée.
g. Au fond de la combe, on peut voir un torrent.
h. Le gratte-ciel est sur la place du hameau.

7* Écris une courte légende pour chaque image. Tu peux utiliser les mots du tableau ci-dessus.**

a

b

c

3 Écrire...

Pour écrire un documentaire géographique, je dois :

1. écrire un texte d'introduction pour situer la ville, le village, la région ou le pays que je présente ;
2. organiser mon texte en paragraphes avec des sous-titres : la localisation, l'histoire, le climat, le paysage, les moyens d'accès ;
3. utiliser une ou plusieurs illustrations et les légender : cartes, photos, schémas ;
4. trouver un titre.

1 * J'organise un documentaire sur une ville

Situation 1 **Les phrases de deux paragraphes d'un documentaire sur la ville de New York ont été mélangées. Récris les deux paragraphes comme il convient et trouve des sous-titres.**

Le climat de New York est continental. Giovanni da Varrazano a découvert le site en 1524. Les hivers sont froids et neigeux avec une température moyenne de 0°C. Pendant l'hiver 2006, il est tombé 68 centimètres de neige en une seule journée sur la ville. La ville a été colonisée par les Hollandais en 1624. Le vent glacial souffle parfois en tempête et bloque les aéroports : c'est le blizzard. Les étés sont chauds avec une moyenne de 24°C.

Central Park sous la neige

Situation 2 **Écris un nouveau paragraphe sur la ville de New York à partir des indications ci-dessous.**

États-Unis • côte est • océan Atlantique • 1 214 km^2 • continent américain • gratte-ciel • The Empire State Building

a. Situe la ville de New York.
b. Indique à quelle embouchure de fleuve elle se trouve.
c. Donne sa superficie.

L'île de Manhattan

2 ** Je complète un documentaire sur une région

■ **Complète le documentaire ci-dessous à l'aide des indications entre parenthèses. Puis trouve une carte de France sur laquelle tu colorieras la région.**

La région Champagne-Ardenne

La **Champagne-Ardenne** est une région du nord-est de la France.
Elle est bordée par (indique les différents pays ou régions limitrophes).
Elle se compose de quatre départements : (indique les départements).
Ses (indique le nombre d'habitants) habitants s'appellent les (indique comment ils s'appellent).
Sa préfecture est (indique le nom de la préfecture).

***(ajoute un titre)*:**
S'étendant sur (indique sa superficie), la Champagne-Ardenne rassemble la plaine de Champagne ainsi que les faibles reliefs du massif ardennais.
(Écris une phrase qui introduise les différents cours d'eau de la région.) : la Seine, l'Aube, la Marne, l'Aisne et la Meuse.

Le climat :
(Trouve des informations sur le climat de cette région.)

Les lieux touristiques :
(Rédige un paragraphe avec les informations suivantes.)
– La Champagne : les vignobles, les caves, le vin de Champagne.
– Troyes : les maisons anciennes.
– Châlons-en-Champagne : le cloître, les cours d'eau.
– Langres : les remparts.
– Reims : la cathédrale.
– Colombey-les-Deux-Églises : le Mémorial Charles-de-Gaulle.
– Charleville-Mézières : le festival de la marionnette.

La ville de Troyes

3 *** J'écris un documentaire sur mon village, ma ville ou ma région

■ **Écris un documentaire géographique sur ton village, ta ville ou ta région.**

a. Trouve un titre.
b. Trouve des renseignements sur la superficie, le nombre d'habitants, le relief, le climat, les lieux célèbres et touristiques...
c. Trouve une carte pour la (le) situer dans le pays.
d. Trouve des images sur des endroits célèbres ou typiques.

J'améliore mon texte

Je vérifie mon documentaire

❶ * J'organise un documentaire sur une ville
- J'ai séparé mon texte en paragraphes.
- J'ai ajouté des sous-titres.

❷ ** Je complète un documentaire sur une région
- J'ai tenu compte des indications entre parenthèses.

❸ * J'écris un documentaire sur mon village, ma ville ou ma région**
- Textes et illustrations se complètent.

Je vérifie comment j'ai écrit

❷ ** Je complète un documentaire sur une région
- Les informations ajoutées au texte forment des phrases correctes.

❸ * J'écris un documentaire sur mon village, ma ville ou ma région**
- J'ai organisé mon texte en paragraphes.
- J'ai rédigé mon texte à la 3e personne.
- J'ai vérifié l'orthographe des mots, notamment des noms propres.

Je prends la parole

■ **Fais deviner à tes camarades un endroit célèbre ou typique d'une ville ou d'une région sans le nommer.**

Pour te préparer

- Choisis un lieu (ville/village, quartier, monument, site naturel...)
- Cherche des informations sur sa localisation (pays, région, département...).
- Liste les caractéristiques de cet endroit.

Pour guider tes camarades

- Décris l'endroit du plus général au plus particulier (pays → région → département → ville/village → description détaillée du lieu...)
- Utilise des phrases courtes avec le vocabulaire approprié.
- Donne une ou deux informations par phrase.

D'autres documentaires à découvrir

* *La Terre quelle merveille !*, éd. Nathan.

** Fabrice Hervieu-Wane, *L'Afrique*, éd. Gallimard Jeunesse.

*** *Monde d'aujourd'hui*, coll. « Dokéo + », éd. Nathan.

Unité 4

Des récits biographiques

1. Connais-tu les personnes représentées ?
2. Que sais-tu d'elles ? À quelles époques ont-elles vécu ?
3. Où pourrais-tu trouver des renseignements sur leur vie et sur ce qui les a rendues célèbres ?

Dans ce chapitre, tu vas :

- **Lire** des récits biographiques.
- **Écrire** un passage de biographie.
- **Parler** pour faire trouver le nom d'un personnage.

• À quoi sert une notice biographique ?
• Le polonium et le radium sont des éléments radioactifs. Sont-ils utiles ? Sont-ils dangereux ?
Pourquoi ces éléments sont-ils cités dans cette notice ?

Notice biographique

Marie Curie, née Marya Sklodowska (1867-1934), physicienne française d'origine polonaise.
En 1891, elle vient étudier à Paris. Elle y rencontre un scientifique, Pierre Curie, qu'elle épouse en 1895. Elle découvre le phénomène de la radioactivité. Elle identifie, avec son mari, le polonium en 1898 et, avec André-Louis Debierne, elle isole le radium en 1910.
Première femme à avoir obtenu deux prix Nobel : en 1903 le prix Nobel de physique et, en 1911, le prix Nobel de chimie. Ses cendres ont été transférées au Panthéon (avec celles de Pierre Curie) en 1995.

Une nouvelle vie commence

Septembre 1891, Paris. Marya, la petite sœur de Bronia, est arrivée de Varsovie par le train il y a tout juste quelques heures. Fatiguée par ce long voyage, elle ne sait pas encore qu'elle va pouvoir réaliser ce rêve qui ne la quitte pas depuis des années. Elle va bientôt fêter ses vingt-quatre ans et, enfin, commencer ses études à l'université de la Sorbonne !

Dans l'appartement de Bronia et Casimir Dluski, règne ce soir-là un petit air de fête. [...] Il faut dire que les deux sœurs ne se sont pas vues depuis bientôt six ans !

– Dis-moi vite, Marya, comment vont papa, Jozef et Hella ?

– Tout le monde va très bien. Ils t'embrassent tous très fort. Le travail de papa est difficile mais il est content de pouvoir nous aider.

– Tu m'as bien aidée aussi, ma petite Manuisia. Maintenant, je vais enfin pouvoir te rendre la pareille.

En effet, c'est grâce à Marya que Bronia est à Paris depuis six ans. Leur père n'ayant pas les moyens de financer leurs études à toutes les deux, Marya avait généreusement proposé de travailler comme institutrice pour aider sa sœur. Quand cette dernière aurait fini ses études de médecine, elle l'aiderait à son tour. [...]

Je comprends

1 De qui ce texte parle-t-il plus particulièrement ?
2 Cette personne a-t-elle réellement existé ? Justifie ta réponse.
3 De quel pays et de quelle ville vient-elle ?
4 Quelle période de sa vie est ici racontée ? Combien de temps dure cette période ?
5 Quels sont les personnages évoqués dans ce texte ? Quels liens les unissent ?
6 Pourquoi les deux jeunes femmes ne se sont-elles pas vues depuis six ans ?
7 Quel est « le rêve qui ne la quitte pas depuis des années » (lignes 3-4) ?
8 Quel prénom Marya a-t-elle indiqué pour s'inscrire à l'Université ? Pourquoi ?
9 Quel type de vie Marie mène-t-elle à Paris ?
10 Quel travail fait-on dans un laboratoire ?

Marya est à Paris depuis maintenant six mois. D'un tempérament timide, la jeune fille a francisé son prénom et s'est inscrite à l'université sous le nom de Marie Sklodowska. Elle suit avec délice les cours de physique, de mathématiques, de chimie. En rentrant le soir, elle s'installe à sa table et se plonge dans les livres jusqu'à ce que le sommeil l'oblige à s'arrêter. Bronia et Casimir sont aux petits soins avec elle. Malheureusement, le calme n'est pas de rigueur chez les Dluski, loin de là. Outre leurs nombreux amis, Casimir, qui est médecin, reçoit des patients à n'importe quelle heure du jour et de la nuit. De plus, il adore jouer du piano… L'ambiance est fort chaleureuse mais se prête peu aux études !

Un soir, pendant le repas, Marie annonce :

– J'ai trouvé une chambre près de l'université. Je vais m'y installer demain. Ce sera préférable pour moi. […]

La chambre de Marie se résume au strict nécessaire : un lit, un poêle, une lampe, un broc, une table, une chaise et de quoi faire la cuisine. Avec quelques francs par jour, elle doit payer son logement, son chauffage, sa nourriture, ses vêtements, ses livres… Mais qu'importe. Marie est heureuse car elle peut se consacrer entièrement aux études. Enfant, elle était déjà la plus studieuse de la famille. […] Alors, même si ses repas ne se composent souvent que de pain beurré accompagné de thé, cela lui est bien égal ! Il y a tant de choses à apprendre…

Deux ans ont passé. Assise sur un banc de l'université, Marie attend, anxieuse, le résultat de ses examens. Si elle obtient sa licence de physique, elle pourra sûrement travailler dans le laboratoire du professeur Lippmann.

Comme elle aimerait !… L'examinateur entre dans la salle et énumère les étudiants reçus. Marie n'en croit pas ses oreilles : elle est reçue première de son groupe !

Émeline Lebouteiller, *Marie Curie et le Radium*, coll. « Les grandes premières de l'histoire », © éd. Casterman, 2005.

11 Compare la notice biographique avec le texte que tu viens de lire. Quelles différences remarques-tu entre les deux textes ?

Je lis à haute voix

Lis les trois derniers paragraphes.
Dans le premier, prends bien le temps d'énumérer les objets et souligne le bonheur ressenti par Marie dans la dernière phrase.
Dans les autres paragraphes, emploie le ton qui convient pour marquer l'anxiété de Marie puis son soulagement.

Je donne mon avis

Aimerais-tu partir vivre dans un pays étranger ? Explique ta réponse.

J'ajoute un élément à l'histoire

Écris la courte lettre que Marie pourrait envoyer pour rassurer sa famille dès son arrivée à Paris.

4 Lire...

Comment appelle-t-on ce système d'écriture ?
À qui sert-il ?

La soif d'apprendre

Louis Braille (1809-1852) est devenu aveugle à la suite d'un accident dans l'atelier de son père lorsqu'il avait trois ans. Ses parents, soucieux de lui épargner la misérable vie des aveugles à cette époque, l'envoient dans une école parisienne : l'Institut royal pour enfants aveugles.

À dix ans, Louis Braille était l'élève le plus jeune de l'école, mais il ne tarda pas à être le premier de sa classe. « Ce garçon a les plus grandes facilités, écrivit un de ses professeurs, il n'est presque jamais nécessaire de lui répéter quelque chose. »

Tous les après-midi, les élèves allaient en tâtonnant jusqu'à l'un des ateliers. Ils y tricotaient des bonnets et des moufles, confectionnaient des pantoufles en paille et en cuir, tressaient de longs fouets pour les chevaux et les bœufs. Louis avait aidé son père pendant des années et cet apprentissage se révéla utile. Il était adroit de ses mains et gagna même un prix de tricot et de fabrication de pantoufles.

Tous les élèves apprenaient à jouer d'un instrument. Louis en apprenait plusieurs, avec une préférence pour le piano. Il aimait appuyer sur les touches et en entendre le son joyeux ou mélancolique.

Les petits aveugles ne pouvaient affronter seuls les rues encombrées de Paris. Ils restaient donc la plupart du temps à l'intérieur de l'école. […]

Des mois passèrent dans une activité intense. Louis était de plus en plus heureux à l'école. Une seule chose le préoccupait, mais elle était d'importance.

Louis Braille
à l'âge de 40 ans environ.

Je comprends

1 De qui ce texte parle-t-il plus particulièrement ?

2 Cette personne a-t-elle réellement existé ? Justifie ta réponse.

3 Quelle période de sa vie est ici racontée ?

4 À quelle époque se situe le récit ?

5 Relève les expressions ou les adjectifs qui indiquent les qualités de Louis.

6 À l'époque de Louis, quelles méthodes existaient pour permettre aux aveugles d'accéder à la lecture ?

7 Que pensait Louis de ces méthodes ?

8 Louis a-t-il réussi à trouver une autre méthode ? Laquelle ?

9 Explique le titre du livre *Louis Braille, l'enfant de la nuit*.

Louis avait bien des leçons de lecture, mais cela ne ressemblait en rien à ce qu'il avait imaginé. En 1820, il n'existait qu'une seule méthode de lecture pour aveugles : les lettres en relief. Chaque lettre de l'alphabet apparaissait en relief et c'est ainsi que les lecteurs suivaient les lignes du bout des doigts. Cela n'était pas, et de loin, aussi simple qu'il y paraît.

Certaines lettres étaient faciles à reconnaître, d'autres étaient impossibles à distinguer. Les O ressemblaient aux Q ou aux C. Les I se révélaient être des T et les R étaient souvent des B.

Louis était entêté. Il suivait les lettres sans se décourager jusqu'à ce qu'il pût les distinguer. Puis il s'attaqua aux mots. Mais que c'était long ! Louis était l'un des élèves les plus intelligents de l'école. Pourtant, même lui oubliait parfois le début d'une phrase quand il en était arrivé à la fin. Il lui fallait alors tout recommencer depuis le début. Il fallait des mois pour lire un livre entier de cette manière.

– Ce n'est pas de la lecture, dit-il un jour, ce n'est qu'un faux-semblant[1].

– C'est tout ce que nous avons, répondit le professeur, il y a des années que nous cherchons quelque chose de mieux.

Louis savait bien que c'était vrai. Il savait que bien des méthodes avaient été proposées. Des lettres en relief et des lettres en creux, des lettres en pierre, en ficelle, en cire ou en bois. Quelqu'un avait même fait un alphabet avec des pointes d'aiguille. Louis essaya d'imaginer une page d'aiguilles !

Puis Louis apprit que la bibliothèque contenait en tout et pour tout quatorze livres ! Quatorze ! [...] Louis se rendit compte qu'il n'y aurait jamais que très peu de livres accessibles aux aveugles. Il fallait trouver une autre méthode. Il devait bien y en avoir une ! Il ne pensait plus qu'à ce problème et il ne parla plus guère d'autre chose.

Margaret Davidson, *Louis Braille, l'enfant de la nuit,* trad. Camille Fabien, coll. « Folio cadet », © éd. Gallimard.

1. **faux-semblant :** imitation trompeuse.

10 En quoi ce texte est-il un récit et pas une simple notice biographique ?

Je donne mon avis

Quelles difficultés les aveugles rencontrent-ils dans la vie quotidienne ? As-tu des exemples ? Comment pourrait-on faire pour rendre la vie plus facile aux non-voyants ?

Je lis à haute voix

Lis le texte de la ligne 5 à la ligne 15. Prépare ta lecture en faisant attention aux nombreuses liaisons.

J'ajoute des phrases à l'histoire

Écris ce que les parents de Louis ont pu lui dire au moment de son départ pour rejoindre l'école prestigieuse des enfants aveugles.

4 Pour mieux lire

Repérer les mots qui désignent les personnages

Je réfléchis

1 Relève les mots qui désignent Louis Braille.

À dix ans, Louis Braille était l'élève le plus jeune de l'école. « Ce garçon a les plus grandes facilités, écrivit un de ses professeurs. » Louis était l'un des plus intelligents de l'école. Pourtant, même lui oubliait parfois le début d'une phrase quand il en était arrivé à la fin.

M. Davidson, *Louis Braille, l'enfant de la nuit*, trad. C. Fabien, © éd. Gallimard.

2 Qui sont les personnages évoqués ? Par quels mots sont-ils désignés ?

a. La petite sœur de Bronia, Marya, vient d'arriver de Varsovie par le train. Les deux sœurs ne se sont pas vues depuis bientôt six ans !

b. – Tu m'as bien aidée, ma petite Manuisia. Je vais enfin pouvoir te rendre la pareille.

D'après É. Lebouteiller, *Marie Curie et le Radium*, © éd. Casterman, 2005.

Conseil

Pour bien comprendre un récit, je dois repérer **les mots qui désignent les personnages.** Il peut s'agir de :
- **noms propres** → *Marya, Marie, Louis…* ;
- **groupes nominaux** → *la jeune fille*, *la petite sœur de Bronia* ;
- **pronoms personnels** → *il/elle, le/la/lui…* ou **démonstratifs** → *celui-ci/celle-ci…*.

Dans les dialogues, ***je*** (*me, nous*) désigne le personnage qui parle ; ***tu*** (*te, vous*) désigne celui à qui on parle.
*Je vais **te** rendre la pareille.*

Je m'entraîne

3* Parmi ces groupes nominaux, recopie ceux qui pourraient désigner Marie Curie.

la jeune chercheuse • la sœur de Bronia • la fillette • l'étudiante • cette abominable mégère • cet élève intelligent • cette jeune femme courageuse

4 Lis ce texte puis réponds aux questions.**

La vie n'est pas d'un grand confort, mais à Paris Marie se sent enfin libre ! La jeune fille a ce qu'elle veut : la Sorbonne, à quelques pas de la chambre qu'elle loue. Une toute petite chambre, alors qu'elle pourrait habiter chez Bronia. Mais la famille est déjà nombreuse et l'étudiante ne trouve pas chez sa sœur le calme qu'elle souhaite pour se consacrer entièrement à son travail.

D'après É. Lebouteiller, *Marie Curie et le Radium*, © éd. Casterman, 2005.

a. De qui parle ce paragraphe ?
b. Relève les mots ou les groupes de mots qui désignent chaque personnage.

5* Choisis un personnage célèbre et trouve différents groupes nominaux qui pourraient le désigner.**

Alphabet braille

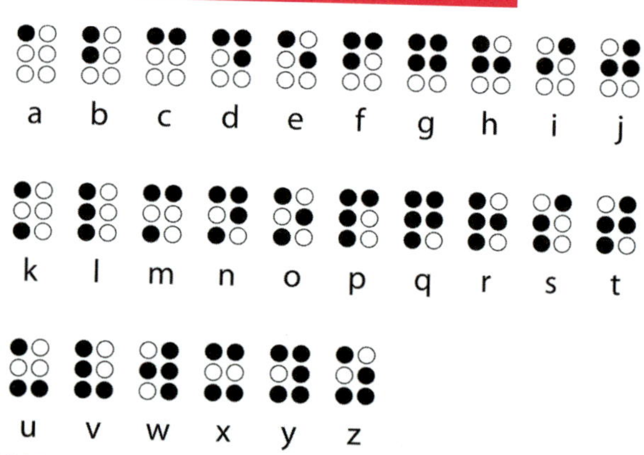

Méli mélo **À l'aide de l'alphabet braille ci-dessus, trouve la réponse à la question.**
Quelle est la ville natale de Louis Braille ?

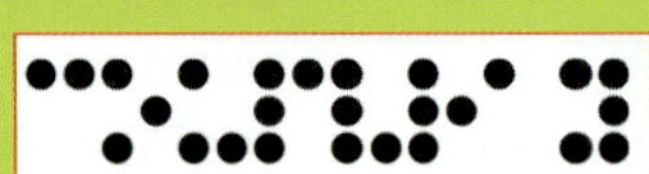

Le récit biographique

Je me souviens

- **Dans les textes *Une nouvelle vie commence* et *La soif d'apprendre* :**
  - De quelles personnes raconte-t-on un moment de vie ? Ont-elles réellement existé ?
  - Ces personnes sont-elles connues ? Pour quelle(s) raison(s) ?
  - Quelles informations donne-t-on sur chacune de ces personnes ?
  - Quelles différences y a-t-il entre les notices biographiques et ces textes ?

Je retiens

- **Dans un récit biographique :**

1. l'auteur présente la vie d'une **personne ayant réellement existé** ou un moment de sa vie ;
2. il donne beaucoup d'**informations réelles** sur cette personne : son époque, sa famille, son entourage, l'endroit où elle vit, ses activités et sur ce qui l'a rendue célèbre…
3. il **imagine des détails** pour raconter comment ont pu se dérouler les événements, les rencontres, les actions… ou préciser les sentiments et les pensées des personnages.

Je m'entraîne

1 * Lequel de ces textes est un récit biographique ? Lequel est une notice biographique ? Justifie ta réponse.

A. Tillion Germaine, 1907-2008, ethnologue française, étudia la vie des Berbères dans les Aurès, région montagneuse de l'Algérie. Elle s'est ensuite illustrée dans la Résistance pendant la Seconde Guerre mondiale et fut déportée en Allemagne dans le camp de Ravensbrück. Rescapée de cet enfer, elle défendit tout au long de sa vie les droits de l'homme et dénonça inlassablement la torture.

B. En 1934, Germaine, 27 ans, est dans le bureau de Marcel Mauss.
– Vous êtes recrutée pour une mission de recherche dans les Aurès, auprès de tribus berbères, lui dit-il.
– Comment ? Elle qui avait rêvé de découvrir des peuples inconnus à l'autre bout de la terre, on l'envoie dans un département français ? Pourquoi pas en Auvergne ? Quelle déception !

D'après Janine Teisson,
Germaine Tillion : un long combat pour la paix,
© éd. Oskar, 2010.

2 ** Précise, pour chaque partie surlignée, s'il s'agit d'une information réelle ou de détails ajoutés par l'auteur.

Septembre 1891, Paris. Marya, la petite sœur de Bronia, est arrivée de Varsovie par le train il y a tout juste quelques heures. Fatiguée par ce long voyage, elle ne sait pas encore qu'elle va pouvoir réaliser ce rêve qui ne la quitte pas depuis des années. Elle va bientôt fêter ses vingt-quatre ans et, enfin, commencer ses études à l'université de la Sorbonne ! Dans l'appartement de Bronia et Casimir Dluski, règne ce soir-là un petit air de fête. […] Il faut dire que les deux sœurs ne se sont pas vues depuis bientôt six ans !
– Dis-moi vite, Marya, comment vont papa, Jozef et Hella ?
– Tout le monde va très bien. Ils t'embrassent tous très fort. Le travail de papa est difficile mais il est content de pouvoir nous aider.
– Tu m'as bien aidée aussi, ma petite Manuisia. Maintenant, je vais enfin pouvoir te rendre la pareille.

É. Lebouteiller, *Marie Curie et le Radium*,
© éd. Casterman, 2005.

- **À ton avis, le dialogue du texte reproduit-il les paroles échangées par les deux sœurs dans la réalité ?**

Des mots pour donner des repères temporels

Je réfléchis

1 Explique à quoi servent les mots ou les groupes de mots écrits en gras.

Septembre 1891, Paris. Marya, la petite sœur de Bronia, est arrivée de Varsovie par le train il y a tout **juste quelques heures**. Fatiguée par ce long voyage, elle ne sait pas encore qu'elle va pouvoir réaliser ce rêve qui ne la quitte pas **depuis des années.** Elle va **bientôt** fêter ses vingt-quatre ans et, enfin, commencer ses études à l'université de la Sorbonne !

Dans l'appartement de Bronia et Casimir Dluski, règne **ce soir-là** un petit air de fête. […] Il faut dire que les deux sœurs ne se sont pas vues **depuis bientôt six ans** !

É. Lebouteiller, *Marie Curie et le Radium*, © éd. Casterman, 2005.

2 Lis le texte puis réponds aux questions.

Marya Sklodowska naît le 7 novembre 1867 à Varsovie, en Pologne. En 1891, jeune étudiante, elle s'installe à Paris comme l'avait fait sa sœur aînée six ans auparavant. Elle étudie la physique et les mathématiques à l'université de la Sorbonne. Quatre ans après son arrivée en France, elle épouse Pierre Curie, avec qui elle travaille. En 1903, avec Henri Becquerel, ils reçoivent le prix Nobel de physique pour leurs recherches sur les phénomènes radioactifs. Marie Curie meurt le 4 juillet 1934 à la suite d'un cancer du sang provoqué par les radiations subies pendant ses recherches.

a. **Quel âge a Marya lorsqu'elle vient à Paris pour y étudier ?**

b. **En quelle année sa sœur s'y est-elle installée ?**

c. **En quelle année Marya épouse-t-elle Pierre Curie ?**

d. **Quel âge a-t-elle lorsqu'elle meurt ?**

3 Relève les mots ou les groupes de mots qui donnent des indications de temps.

La première compétition qu'Éric Tabarly remporte en 1964 est la course transatlantique en solitaire. Il a alors trente-trois ans. Il faut dire qu'Éric Tabarly a découvert la voile avec ses parents dès l'âge de 3 ans. Ensuite, passionné de voile, il s'engage dans la Marine nationale. En 1976, il gagne une seconde fois la course transatlantique en solitaire à bord du *Pen Duick VI*.

Au fil des ans, il forme de nombreux équipiers dont Olivier de Kersauson. Dix-huit ans après avoir battu le record de vitesse de la traversée de l'Atlantique en 10 jours et 14 minutes, il disparaît le 13 juin 1998 à la suite d'une chute dans l'océan Atlantique.

Éric Tabarly à bord du *Pen Duick*, en 1990.

Des mots pour donner des repères temporels

La durée

- longtemps • peu de temps • à peine…
- une seconde • une minute • des heures • des journées • des semaines • des mois • des années • des siècles • une éternité…
- long • court • bref • grand • interminable…

Le début ou l'enchaînement des événements

- avant • après • pendant • ultérieurement • auparavant • dès…
- au début • dans les premiers temps • d'abord • ensuite • puis • enfin • finalement • en premier…
- aujourd'hui • demain • hier • le mois dernier • il y a six années • au siècle dernier • ce jour-là • la veille • le lendemain • six années après • le mois précédent…

Les âges de la vie

- la petite enfance • l'enfance • l'adolescence • l'âge adulte • la vieillesse…
- l'aîné • le doyen • le cadet…
- un écolier • un collégien • un lycéen • un étudiant • un chercheur…
- minime • cadet • junior • sénior • vétéran…

Les dates

septembre 1891 • le 7 novembre • en 1891 • au mois de septembre • au XIXe siècle…

Je m'entraîne

4* Dans quelles rubriques du tableau peut-on ranger ces mots ou ces groupes de mots ?

désormais • brièvement • à l'instant • la puberté • précédemment • ultérieurement • finalement • à l'origine • un descendant • un apprenti • dès lors • un grand-père

5 Complète ce texte avec les groupes de mots de la liste.**

toute sa vie • dès l'âge de huit ans • l'année suivante • 25 octobre 1881 • quatorze ans • en 1973 • au fil des années

Pablo Picasso est né à Malaga le 1. Son père, professeur de peinture, encouragera Pablo à peindre 2. L'artiste gardera 3 son premier tableau. En 1895, à 4, il peint sa première grande toile. En 1896, il entre à l'école des Beaux-Arts de Barcelone et 5 il part étudier à Madrid mais très vite arrête de suivre les cours. En 1900 il part pour Paris où 6 il deviendra l'un des plus grands peintres du XXe siècle. Il meurt à 92 ans, 7.

6* Lis ce texte puis relève tous les mots ou les groupes de mots qui indiquent le temps.**

Teddy Riner naît le 7 avril 1989 en Guadeloupe. À cinq ans, ses parents l'inscrivent à un club de sports où il découvre plusieurs disciplines dont le judo. Il s'y consacre définitivement après ses treize ans. Remarqué en 2004 au Championnat de France des cadets, il entre au centre de formation de l'élite nationale, malgré son jeune âge. L'année suivante, il participe aux Championnats d'Europe juniors d'où il rapporte une médaille de bronze.

En 2006, pendant les Championnats de France juniors, il remporte tous ses combats. Il participe ensuite à de nombreuses compétitions et devient champion d'Europe et du monde à dix-huit ans et huit mois. Puis, il va de titre en titre et connaît la consécration lors des Jeux olympiques de Londres en 2012 où il obtient la médaille d'or en catégorie poids lourds.

- **Dans quelles rubriques du tableau pourrais-tu les ranger ?**

4 Écrire...

Pour écrire un passage de récit biographique, je dois :
1. rechercher des informations sur une **personne réelle** célèbre : son époque, sa famille, son entourage, l'endroit où elle vit, ses activités....
2. sélectionner les informations trouvées pour présenter un **moment de sa vie** ;
3. écrire ces informations **à la manière d'un récit** : présenter les personnages, décrire les lieux et les événements, introduire des dialogues, inventer des détails...
4. utiliser des mots qui donnent des **repères temporels** pour organiser le récit.

1 * Je prolonge une notice biographique

Utilise les informations suivantes pour prolonger la notice ci-dessous.

a. **1876 :** construction du viaduc de Porto.
b. **1884 :** viaduc de Garabit.
c. **1889 :** fin de sa carrière d'entrepreneur avec la construction de la tour Eiffel.
d. **Les dernières années de sa vie :** carrière de savant.
e. **27 décembre 1923 :** décès de Gustave Eiffel.

Gustave Eiffel

Né en 1832 à Dijon, **Gustave Eiffel** obtient son diplôme d'ingénieur en 1855.

En 1864, il fonde son entreprise spécialisée dans les charpentes métalliques. Il construit, de par le monde, des centaines d'ouvrages métalliques en tout genre.

La tour Eiffel

Le viaduc de Garabit

2 * * Je développe un élément d'un récit biographique

Lis cette notice biographique de Victor Hugo puis raconte en quelques lignes le jour de son départ en exil.
Où va-t-il ? D'où part-il ? Quelles personnes l'accompagnent ?
Que ressent-il ? Que leur dit-il ?...

Un grand écrivain : Victor Hugo

Victor Hugo, en 1873.

Victor-Marie Hugo, né **en 1802** à Besançon et mort **en 1885** à Paris, est considéré comme le plus grand écrivain français du XIXe siècle. Ses œuvres sont très diverses : romans, poésies, pièces de théâtre...

Ses romans les plus connus sont *Les Misérables* et *Notre-Dame de Paris.*

Écrivain très engagé, contre la peine de mort par exemple, il est également un homme politique. **En 1848**, il devient député de Paris.

En décembre 1851, il s'oppose à la dictature de Napoléon III et est obligé de s'exiler dans les îles anglo-normandes jusqu'à la fin du Second Empire, en septembre 1870.

Il meurt âgé (83 ans) et est enterré au Panthéon (Paris) après des obsèques nationales, **le 31 mai 1885**.

D'après http://fr.wikipedia.org/wiki/Victor_Hugo

3 * * * J'écris un passage de récit biographique

Lis cette notice biographique sur Maryse Bastié. Choisis un moment de sa vie que tu raconteras sous la forme d'un récit biographique.
En fonction du moment choisi, tu pourras imaginer des détails pour décrire où elle se trouve, ce qu'elle peut penser, dire, faire...

Maryse Bastié (Limoges, 1898 • Lyon, 1952)

Maryse Bastié, vers 1931.

Née **Maryse Bombec**, elle est tout d'abord ouvrière dans une usine de chaussures. Elle épouse Louis Bastié en 1917.

En 1925, elle obtient son brevet de pilote et le **29 juillet 1929**, elle établit au Bourget, à bord d'un Caudron 109, le record féminin de durée en vol (26 heures 47 minutes).

En 1931, elle s'envole pour l'Union soviétique. Après 24 heures de vol, elle est au-dessus de Moscou, mais se trouve prise dans une tempête. Elle résistera 6 heures dans son « avion-torpédo » et réussira à se poser dans un champ, près d'un village.

Le 30 décembre 1936, Maryse Bastié s'attaque à la traversée de l'Atlantique sud ; partie de Dakar, elle parviendra à Natal, ville située sur la côte du Brésil.

Sa participation à la Résistance et ses nombreux exploits lui valent d'être faite, **à la Libération**, commandeur de la Légion d'honneur.

En 1952, elle se tue accidentellement à Lyon, au cours d'un meeting aérien.

D'après http://fr.wikipedia.org/wiki/Maryse_Bastie

4 Écrire et parler

J'améliore mon texte

Je vérifie mon texte biographique

1 * Je prolonge une notice biographique

- J'ai rédigé mon texte en faisant des phrases courtes à l'aide des informations données.

2 ** Je développe un élément d'un récit biographique

- J'ai ajouté des détails comme dans un récit : des dialogues, une présentation des lieux, les pensées ou les sentiments des personnages…

3 * J'écris un passage de récit biographique**

- J'ai sélectionné un moment de la vie du personnage.
- J'ai ajouté des éléments qui appartiennent au récit (dialogues, description des lieux...)

Je vérifie comment j'ai écrit

- J'ai écrit mon texte au présent ou au passé.
- J'ai utilisé des indicateurs temporels.
- J'ai désigné les personnages de différentes façons.
- J'ai respecté la présentation des dialogues lorsqu'il y en a.
- J'ai utilisé des mots du tableau page 49 pour enchaîner les informations.

Je prends la parole

Tu vas jouer au personnage mystère. Choisis un personnage célèbre et fais deviner son nom en donnant plusieurs informations sur celui-ci.

Pour te préparer

- Fais des recherches sur ce personnage.
- Introduis les informations sur ton personnage par :
  – *Il a vécu au… ; Il est né en…*
  – *C'est un homme / une femme…*
  – *Il est de nationalité…*
  – *Son métier est… ; Il a inventé…*
  – *Il a fait… ; Il a dit…*

Pour bien raconter

- Dis les informations une par une.
- Laisse tes camarades réfléchir entre chaque information.
- Fais des phrases complètes et utilise des mots précis.

D'autres récits biographiques à découvrir

* Isabelle Jan, *Molière, une vie pour le théâtre*, éd. Nathan.

** William Wilson, *Nelson Mandela*, éd. Mango jeunesse.

*** Jean-Baptiste de Panafieu, *Sur les traces de Charles Darwin*, éd. Gallimard Jeunesse.

Des journaux intimes

Unité 5

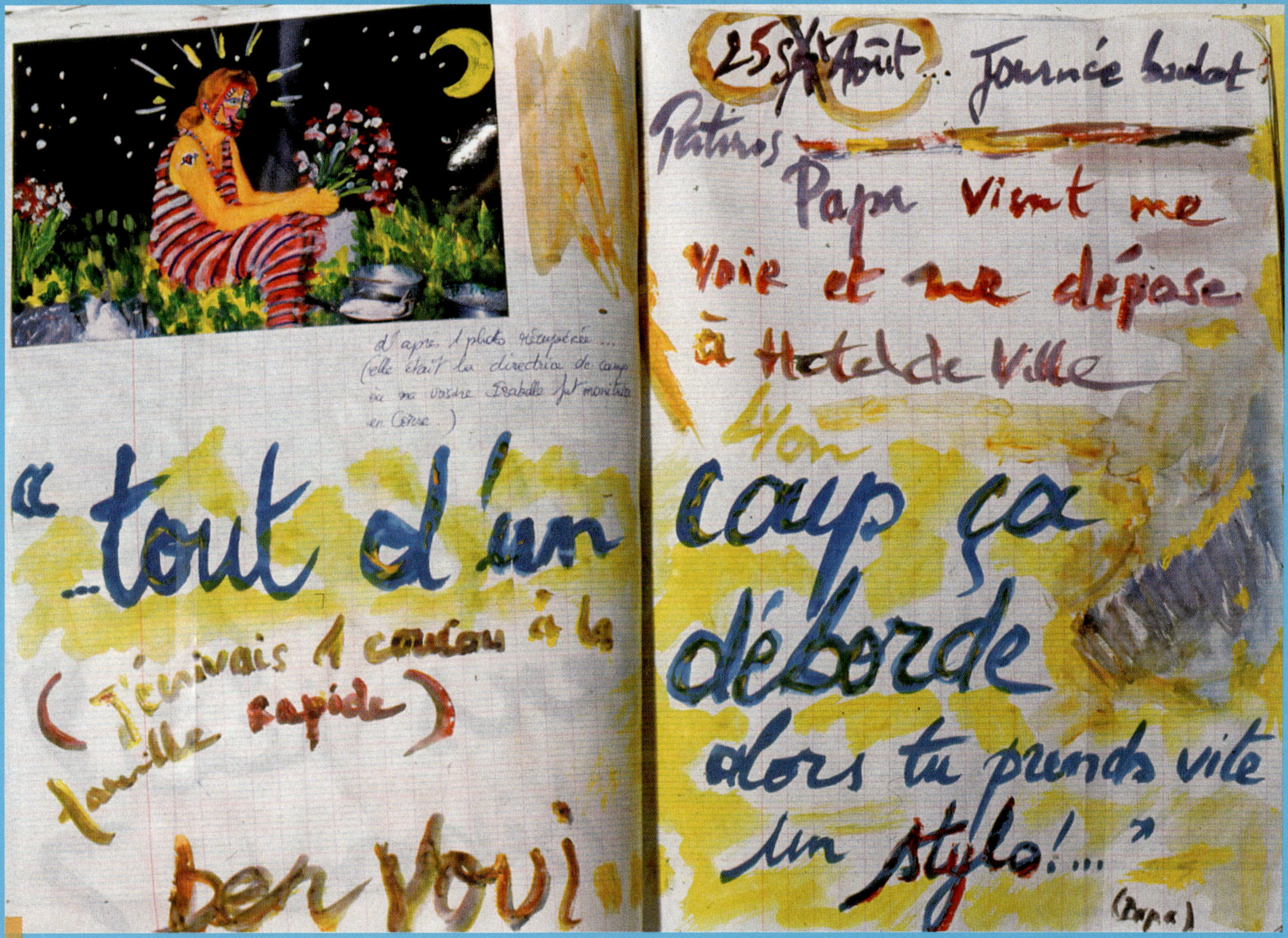

Un journal intime, exposé à la Bibliothèque municipale de Lyon (1997).

1. Pour le 25 août, quels faits ont été notés par la personne qui a écrit ces lignes ?
2. Comment comprends-tu le conseil : « Tout d'un coup ça déborde alors tu prends vite un stylo » ?

Dans ce chapitre, tu vas :

- **Lire** des extraits de journaux intimes.
- **Écrire** une page de journal intime.
- **Parler** pour évoquer quelque chose que tu aimes ou que tu détestes.

5 Lire...

Connais-tu cette jeune fille ? Que peut-elle raconter dans son journal ?

Ordi ou papier ?

Au CDI de leur collège, Mohamed Beldaraoui, dit Momo, et son amie Émilie discutent de la meilleure façon d'écrire : sur un ordinateur ou sur papier.

Momo veut bien apprendre à écrire sur l'ordinateur même s'il confie à son amie :

– Moi, je préfère quand même écrire dans un cahier.

– Mais pourquoi ?

– Parce que les mots ne sortent pas pareil quand tu les dessines toi-même.

Émilie le regarde. Momo ne cesse de l'étonner. Il est un peu bizarre parfois mais jamais elle n'a eu d'ami aussi doux et gentil que celui-là.

– Tu as peut-être raison, lui dit-elle. C'est vrai que mon journal, par exemple, je ne pourrais jamais le rédiger sur l'ordi.

– Ton journal ? C'est quoi ?

– Mon journal intime... Tu ne connais pas ?

– Non.

– C'est un carnet où tu écris tout ce qui t'arrive.

– Tu en as un, toi ?

– Oui.

– Tout le monde en a un ?

– Non, seulement ceux qui le veulent... Attends !

Émilie se lève et se dirige vers les rayonnages, où elle disparaît quelques instants avant de revenir avec un livre à la main.

– *Le Journal d'Anne Frank*, lit Momo sur la couverture, où l'on peut voir une jeune fille souriant à l'objectif.

Il ne connaît pas ce titre. Il ne fait pas partie des livres légués par monsieur Édouard[1].

– C'est quoi ?

– Lis-le, tu verras.

Momo le feuillette. Il est dense et écrit très serré. Il s'arrête à la première page :

Je comprends

1. Qui sont Momo et Émilie ?
2. Où sont-ils ?
3. Pourquoi Émilie apprécie-t-elle Momo ?
4. De quoi parlent-ils au début du texte ?
5. Quelle définition Émilie donne-t-elle du journal intime ?
6. Pourquoi une partie du texte est-elle encadrée et écrite différemment ?
7. Pour quelles raisons Anne Frank écrit-elle un journal ?
8. Comment sait-on que c'est un journal intime ?
9. Quels sont les sentiments d'Anne Frank au moment où elle écrit cette page ?

Samedi 20 juin 1942

C'est une sensation très étrange, pour quelqu'un dans mon genre, d'écrire un journal. Non seulement je n'ai jamais écrit, mais il me semble que plus tard, ni moi ni personne ne s'intéressera aux confidences d'une écolière de treize ans. Mais à vrai dire, cela n'a pas d'importance, j'ai envie d'écrire et bien plus encore de dire vraiment ce que j'ai sur le cœur une bonne fois pour toutes à propos d'un tas de choses.

Le papier a plus de patience que les gens : ce dicton m'est venu à l'esprit par un de ces jours de légère mélancolie où je m'ennuyais, la tête dans les mains, en me demandant dans mon apathie s'il fallait sortir ou rester à la maison et où, au bout du compte, je restais plantée là à me morfondre. Oui, c'est vrai, le papier a de la patience, et comme je n'ai pas l'intention de jamais faire lire à qui que ce soit ce cahier cartonné paré du titre pompeux de « Journal », à moins de rencontrer une fois dans ma vie un ami ou une amie qui devienne l'ami ou l'amie avec un grand A, personne n'y verra probablement d'inconvénient[2].

Comme chaque fois qu'il est très ému, Momo sent une sorte de grosse chaleur l'envahir.

– C'est une histoire vraie ?
– Oui, lui répond Émilie.
– Anne Frank, c'est un écrivain comme Romain Gary[3] ?
– Non, elle n'avait que treize ans. Elle n'a pas eu le temps de devenir écrivain.
– Pourquoi ?
– Parce qu'elle est morte.
– À treize ans ?
– À seize ans.
– De quoi ?
– De la guerre. Regarde les dates !

Yaël Hassan, *Momo des Coquelicots*, coll. « Tempo », © éd. Syros, 2010.

1. Monsieur Édouard est un vieux monsieur qui, avant de mourir, a donné tous ses livres à Momo.
2. *Le Journal d'Anne Frank,* texte établi par Otto H. Frank et Mirjam Pressier, © 1991, 2001, Anne Frank-Fonds, Bâle/Suisse, pour le texte d'Anne Frank ; 1992, 2001, Calmann-Lévy, Paris, pour la traduction française par Philippe Noble et Isabelle Rosselin-Bobulesco.
3. L'écrivain préféré de Momo, auteur de *La Vie devant soi*, dont le personnage principal s'appelle aussi Momo.

10 Pourquoi Momo est-il ému à la lecture de cette page ?

11 Connais-tu Anne Frank ? Sinon, fais une recherche.

Je lis à haute voix

Lis le passage écrit par Anne Frank comme Momo a pu le lire, avec beaucoup d'émotion.

Je donne mon avis

Comme Anne Frank, penses-tu que « le papier a plus de patience que les gens » (ligne 32) ?

J'ajoute des phrases à l'histoire

Dans son journal, Émilie écrit « tout ce qui lui arrive ». **Écris**, comme elle aurait pu le faire, sa rencontre de ce jour-là avec Momo au CDI.

Que vois-tu sur cette photographie ?

A-t-elle été prise à notre époque ?

Le journal d'Aline

Mardi 10 février

Je m'appelle Aline Dupin ; j'ai onze ans depuis le 16 août. Estelle a douze ans. Riquet a six ans et demi. On habite 13 bis, rue Jacquemont, la maison qui est juste en face de la cour du charbonnier. C'est très commode pour papa, parce qu'il travaille chez M. Martinet, le menuisier qui a sa boutique au coin de la rue, et que ça ne lui fait pas loin à aller, mais c'est moins commode pour nous, parce que le trottoir est si étroit qu'on ne peut même pas jouer à la marelle dessus. Mais c'est comme ça.

Estelle et moi, on couche dans la chambre qui donne sur la cour, à côté de la cuisine. On a le même lit, et c'est ennuyeux, parce que Estelle me donne tout le temps des coups de pied ; et puis, elle tire le drap de son côté si bien que, quand je me réveille, j'ai froid comme tout. Mais on rit aussi : avant de s'endormir, on se raconte qu'on est des dames et on parle de nos maris, patati, patata. Riquet nous entend (il dort dans la salle à manger) ; il crie : « Pourquoi est-ce que vous riez ? » et, comme on ne répond pas, il est furieux, il appelle maman, exprès pour qu'elle nous gronde. Et maman vient, mais, quand elle entre, on fait semblant de dormir : on sait très bien.

J'ai ma poupée, j'ai ma balle rouge, j'ai ma petite épicerie ; j'ai aussi ma patinette, mais je n'aime pas beaucoup ça et c'est plutôt Riquet qui joue avec. Comme livres, j'ai *Sans famille*, et puis *La Roulotte*, et puis *David Copperfield*. En général, j'aime mieux les histoires tristes où on a un peu envie de pleurer ; mais il faut qu'elles finissent bien.

Je comprends

1 Que sais-tu du narrateur ?

2 Fais la liste des autres personnages cités dans cet extrait. Que sais-tu d'eux ?

3 Quels sont les sujets abordés par Aline dans son journal ?

4 Quel est le métier du père d'Aline ?

5 Que vend un charbonnier (l. 4) ? Qu'est-ce qu'une blanchisseuse (l. 36) ?

6 Quels sont les jouets d'Aline ?

7 Quels sont les livres préférés d'Aline ? Retrouve leurs auteurs.

8 Comment la famille d'Aline se chauffe-t-elle ?

9 Pourquoi la maîtresse mettrait-elle un zéro à Aline en lisant son journal ?

10 À quelle époque se situe cet extrait ? Relève les éléments qui te l'indiquent.

À l'école, j'ai été première en dessin, mais, à part ça, je ne peux pas dire que ça marche très bien, surtout pour les problèmes, pour la géographie, pour l'histoire, et aussi pour les rédactions où la maîtresse dit que je fais trop de fautes de français. Eh bien, que dirait-elle si elle voyait mon journal ? Elle me mettrait zéro, bien sûr, mais c'est trop compliqué de faire attention !

Et quoi encore ? J'adore les marrons glacés, la soupe au potiron et la crème au chocolat. Je déteste les salsifis, le foie de veau, les poireaux à la vinaigrette. J'ai eu la rougeole, mais pas la varicelle. Estelle et moi, on a des robes vert foncé, et puis, pour le dimanche, des belles en velours bleu, avec des petits galons qui font très chic.

Je crois que c'est tout. [...]

Samedi 14 février

Une devinette : pourquoi les blanchisseuses n'ont-elles jamais d'indigestions ?

Réponse : parce qu'elles font des repas sages.

Elle est bonne ? C'est Tiennette Jacquot qui me l'a passée, pendant la classe de couture. [...]

Dimanche 22 février

Quel temps ! Toute la nuit, il a plu, et le vent soufflait si fort que la fenêtre de notre chambre, qui ferme mal, remuait tant qu'elle pouvait. C'est ce que nous appelons, Estelle et moi, le « Titoum » parce que ça fait « Ti-toum ti-toum », et, depuis le temps qu'on entend ça, on y est habituées, mais, quand même, cette nuit, c'était trop. Pour comble de malheur, le poêle de la salle à manger s'est éteint, maman a été obligée de le rallumer, et elle n'y arrivait pas ! Je lui ai bien offert de l'aider, mais elle a répondu, comme chaque fois : « Reste donc tranquille, ma Liline ! » et elle nous a donné notre déjeuner au lit, pour que nous ne prenions pas froid. J'aime ça, moi, faire la grasse matinée !

Colette Vivier, *La Maison des petits bonheurs*, © éd. Casterman, 2003 (première parution 1939).

11 Qu'est-ce qui permet d'affirmer que ce texte se présente comme un journal intime ?

Je lis à haute voix

Lis le passage racontant la journée du 22 février. Adopte une intonation correspondant à ce que ressent Aline. Prononce bien l'onomatopée « ti-toum » et la phrase de la maman.

Je donne mon avis

Aimerais-tu écrire un journal intime ? Pour quelles raisons ?

J'ajoute un paragraphe à l'histoire

Écris un paragraphe supplémentaire pour la journée du mardi 10 février dans lequel Aline parlera de ses animaux préférés.

Comprendre les différents emplois du présent

Je réfléchis

1 Lis ces phrases et réponds aux questions.

a. « Je préfère écrire dans un cahier. »
b. J'ai onze ans. On habite rue Jacquemont.
c. Demain, nous avons un contrôle de géographie.

1. La phrase a exprime-t-elle un sentiment que Momo éprouve au moment où il parle ?
2. Quels mots peux-tu introduire dans la phrase b : *en ce moment*, *hier*, *demain* ou *actuellement* ?
3. Dans la phrase c, à quel moment le présent correspond-il ? Quel mot te l'indique ?

2 Mets les verbes au passé simple. Les actions ont-elles lieu au moment où l'auteur écrit ?

Émilie se lève et disparaît au milieu des rayons.
Puis elle revient avec un livre.

3 Quand cette phrase est-elle vraie : en ce moment ? dans le passé ? dans le futur ? ou toujours ?

Le papier a plus de patience que les gens.

Conseil

Pour comprendre **un texte écrit au présent,** je dois savoir que :

- dans les **dialogues**, les **journaux intimes** ou les **lettres**, le présent correspond au moment où l'on parle, où l'on écrit ou à un moment proche.
J'ai onze ans. On habite rue Jacquemont.
Demain, nous avons un contrôle.
- dans les **récits**, on peut raconter les faits au présent, même s'il s'agit de faits passés ou imaginaires. On parle de **présent de narration**.
Émilie se lève et disparaît au milieu des rayons.
Puis elle revient avec un livre.
- le présent peut aussi indiquer que des faits sont **toujours vrais**.
Le papier a plus de patience que les gens.

Je m'entraîne

4* Classe les verbes écrits en gras en trois colonnes, comme dans le tableau ci-dessous.

a. Demain mercredi, c'**est** mon premier cours de judo. J'**ai** un peu le trac, car je ne **connais** ni le professeur, ni les autres enfants.
b. Émilie le **regarde**. Momo ne **cesse** de l'étonner. Il **est** un peu bizarre parfois mais jamais elle n'a eu d'ami aussi doux et gentil que celui-là.
– Tu **as** peut-être raison, lui **dit**-elle. C'**est** vrai que mon journal, par exemple, je ne pourrais jamais le rédiger sur l'ordi.
– Ton journal ? C'est quoi ?
– Mon journal intime… Tu ne **connais** pas ?
c. On **apprend** plus de ses défaites que de ses victoires.

moment où l'on parle	présent de narration	les faits sont toujours vrais
~~	~~~	~~~

5 Relève les verbes au présent puis classe-les dans les colonnes d'un tableau comme ci-dessus.**

Ce soir-là, Pierre rentre de l'école. Il vient de se disputer avec son copain Antoine. Il ouvre son journal et écrit :

Vendredi 26 novembre
Antoine m'énerve trop ! Il veut encore que je lui donne des billes, mais la dernière fois il les a perdues en jouant contre Chaïma. J'attends demain pour lui dire que je ne veux plus être son copain. « La vengeance est un plat qui se mange froid », comme dirait papi Christian.

Méli mélo

Donne une définition de ces vieux métiers.
Aide-toi de la construction des mots ou du dictionnaire, si besoin.
Exemple : gantier → gant → fabricant de gants.

rémouleur • forgeron • apothicaire • barbier • chapelier • chiffonnier • coutelier

Le journal intime

Je me souviens

- **Relis l'extrait du *Journal d'Anne Frank* (page 55) et *Le journal d'Aline* (pages 56-57) :**
- Pour qui Anne Frank et Aline écrivent-elles ?
- Sait-on à quelles dates elles écrivent ? Écrivent-elles chaque jour ?
- Quel est le pronom personnel le plus employé dans leurs journaux ? Pourquoi ?
- De quoi Aline et Anne Frank parlent-elles dans leurs journaux ?
- Que signifie « intime » dans « journal intime » ?

Je retiens

- **Un journal intime est un texte que quelqu'un écrit pour lui-même.**

1 Le narrateur y raconte ce qui lui a semblé important dans sa journée : certains événements, des rencontres, des discussions avec ses amis, sa famille…

2 Il écrit aussi ce qu'il ressent, ce qu'il pense, sans rien cacher.

3 Il utilise beaucoup la 1re personne du singulier, car il parle de lui-même.

4 Il indique, au début de chaque partie du journal, la date du jour où il écrit.

5 Le journal progresse de façon chronologique, jour après jour. Cependant, certains jours, l'auteur n'écrit pas.

Je m'entraîne

1 * Lequel de ces textes est un extrait de journal intime ? Justifie ta réponse.

A. 17 juin 1982
Je t'ai déjà confié beaucoup de choses. Je ne pouvais plus rester dans cette maison. Quand tu recevras cette lettre, je serai déjà parti pour l'Irlande.

B. Le 11 novembre 1918, à 11 heures du matin, les cloches des églises annoncent enfin à tous la fin de la guerre. Pour les soldats, ce sont les clairons qui clament la grande nouvelle.

C. Samedi 16 mai. Aujourd'hui, j'ai une immense envie de jouer aux *Sims 3* mais mon père a pris l'ordi. Il ne veut en aucun cas me le passer. Je suis énervé.

D. Lundi 4 septembre. Lina attendait devant la grille de l'hôpital. Hésitante, elle ne parvenait pas à se décider à entrer. Au bout d'un moment, elle respira profondément et avança.

2 ** Retrouve les phrases qui pourraient être écrites dans un journal intime.

a. Dimanche 4 octobre 2012, je te retrouve enfin, toi, mon cher cahier.
b. Je suis trop content, écrit Gabriel, on vient de fêter mon anniversaire.
c. Maman expliqua alors à Gabriel qu'à son âge elle ne recevait qu'un seul cadeau, et rarement celui qu'elle souhaitait.
d. Tout le monde s'est mis à chanter « joyeux anniversaire », j'étais très émue, mais je n'ai rien montré.

3 * Deux extraits de journaux intimes ont été mélangés. Retrouve-les puis recopie-les comme il convient.**

14 décembre 1210 / 22 février 1916
Cela fait maintenant trois mois que je travaille à cette construction. / Que c'est difficile le métier de tailleur de pierre. / Hier, les bombardements sur Verdun ont été terribles. / J'ai dû soigner et panser des dizaines de pauvres gars. / Mes mains sont usées par le marteau et le burin. / Mais je suis tellement content, mon maître m'a félicité ce matin. / Ils venaient d'arriver de Bretagne. / Je viens de terminer la dernière gargouille. Elle est magnifique. / Ils ne parlaient même pas français.

5 Vocabulaire

Des mots pour dire ce que l'on ressent

Je réfléchis

1 Quels sentiments les mots ou les groupes de mots en couleur évoquent-ils ?

> À la fin des vacances, les parents me déposent chez mamie et papi et j'y reste un peu toute seule. J'adore : quand on est que tous les trois, mamie se laisse aller à jouer au poker et elle est mauvaise perdante comme c'est pas permis. Avec papi on se moque d'elle gentiment et ça finit toujours par de grands éclats de rire. C'est super de retrouver papa et maman après quelques jours sans eux, c'est comme si on s'aimait plus fort de s'être un peu séparés.
>
> © Cécile Roumiguière, *Le Journal d'une crevette.*

2 Quels sentiments ou quelles émotions sont évoqués dans ces phrases ? Relève les mots qui les expriment.

a. Elle n'a jamais eu d'ami aussi doux et gentil que celui-là.
b. Ce dicton m'est venu à l'esprit par un de ces jours de légère mélancolie où je m'ennuyais.
c. Comme chaque fois qu'il est très ému, Momo sent une sorte de grosse chaleur l'envahir.
d. Hier soir, j'ai vu un film qui m'a donné envie de pleurer.

3 Sentiment ou sensation ? Classe les phrases suivantes en deux colonnes selon ce qu'elles expriment.

a. J'adore tout ce qui est sucré.
b. J'aime énormément mon petit frère, même s'il m'embête parfois.
c. J'ai toujours beaucoup d'appréhension quand la maîtresse me demande d'aller au tableau, car je n'ai pas confiance en moi.
d. J'admire ce paysage grandiose.
e. Je déteste toucher les surfaces rugueuses.
f. Je regrette de ne pas pouvoir aller plus souvent chez mes grands-parents.

4 Trouve, pour chaque émotion ou chaque sentiment, un verbe ou une expression qui correspond.

Exemple : la tristesse : avoir de la peine, pleurer...

a. **la honte** : regretter ...
b. **le dégoût** : ...
c. **la colère** : ...
d. **la surprise** : ...

Des mots pour exprimer ses émotions et ses sentiments

L'amour

- aimer • adorer • s'attacher à • estimer • chérir • être fou de…
- l'affection • l'attirance • la sympathie • la tendresse • l'amitié…
- tendre • amical • chaleureux • affectueux • gentil…

La haine

- détester • haïr • en vouloir à • ne pas pouvoir sentir…
- le dégoût • la colère • la rancune • l'hostilité • la révolte • l'agressivité…
- cruel • odieux • dur • distant • jaloux • haineux • fâché…

L'espoir

- espérer • souhaiter • attendre • avoir confiance…
- l'assurance • la tranquillité • la sérénité • la conviction…
- confiant • détendu • tranquille • rassuré • serein…

La crainte

- craindre • appréhender • redouter • trembler • frémir…
- l'inquiétude • la panique • la frayeur • l'appréhension…
- inquiet • soucieux • effrayé • terrorisé • paniqué • anxieux…

La joie

- rire • sourire • jubiler • s'esclaffer • applaudir • sauter de joie…
- la satisfaction • l'allégresse • le bonheur • l'enthousiasme…
- comblé • content • gai • joyeux • ravi • heureux…

La tristesse

- pleurer • sangloter • se morfondre • souffrir • gémir…
- la peine • le désespoir • le cafard • le chagrin • le dépit…
- malheureux • découragé • désolé • bouleversé • abattu…

Je m'entraîne

5 * Associe chaque mot à son contraire.

a. chaleureux	1. heureux
b. triste	2. rire
c. pleurer	3. froid
d. tranquille	4. méfiance
e. confiance	5. inquiet

6 ** Dans quelles rubriques du tableau pourrais-tu ranger les expressions suivantes ?

- être vert de peur
- avoir le béguin
- avoir les jambes qui flageolent
- être aux anges
- avoir un coup de foudre
- perdre son sang-froid
- se tordre de rire
- avoir le cœur serré
- avoir un faible pour
- prendre en grippe
- voir la vie en rose
- avoir les idées noires

7 * Remplace chaque mot surligné par un mot synonyme qui indique un sentiment ou une émotion plus intense, puis plus faible.**

Cet été, nous sommes allés chez mon oncle en vacances. J'**aime** aller chez lui. Il habite près de la mer et on va tous les jours à la plage. En plus, je retrouve ma cousine Pétra que **j'aime bien**. Je trouve que mon oncle est **gentil**. Il ne manque pas une occasion de nous **faire plaisir**. Un jour, il a organisé une excursion en bateau. Papa n'était pas **rassuré** car il **a peur** de l'eau. Alors que mon frère et moi, on **aime** ça ! Finalement, tout le monde a été **heureux** pendant ces vacances.

5 Écrire…

Pour écrire un journal intime, je dois :

1. indiquer **le jour** où j'écris ;
2. raconter **les événements** que je juge **intéressants** et dont je veux me souvenir ;
3. dire ce que **je pense** ou ce que **je ressens** ;
4. rédiger mon texte **comme si je me confiais à l'ami** en qui j'ai le plus confiance ;
5. raconter à la **1re personne du singulier**.

1 * Je développe un journal intime

Récris cet extrait de journal intime à la 1re personne du singulier et en tenant compte des indications entre crochets. Puis, écris quelques phrases pour le terminer.

[Indique la date.]

Cher [donne un nom au journal],

[Commence par une onomatopée.]
Aujourd'hui c'est l'horreur, la maman d'Amélia l'a emmenée chez le coiffeur. Je les ai accompagnées. Amélia était plutôt contente au début. Mais la coiffeuse a teint par erreur sa [ajoute un adjectif] chevelure blonde, en [ajoute une couleur et un adjectif]. Elle était vraiment [ajoute un adjectif que tu sépareras en syllabes par des traits d'union, par exemple *pa-ni-quée*].
Heureusement, Benoît le responsable est arrivé. [Décris-le.] Il l'a rassurée. Après un bon shampooing, ~

2 ** Je récris un texte sous la forme d'un journal intime

Situation 1 **Récris ce texte sous la forme d'un journal intime. Mets-toi à la place de Lucas et précise ce qu'il a pu ressentir à la mort de son hamster. Utilise la 1re personne du singulier.**

Lucas a 10 ans. Il est plutôt grand. Il a des cheveux blonds bouclés. Il a les yeux bleus. Son hamster est mort, il est très triste. Lucas lui avait donné un nom. Il lui parlait souvent et lui confiait des secrets. Il le sortait en le plaçant dans sa poche. Il voudrait bien un nouvel animal de compagnie.

Situation 2 **La grand-mère de Lilou a raconté la journée du 13 août dans son journal. Écris ce que Lilou a pu confier de son côté à son journal, en racontant cette même journée.**

Mercredi 13 août

Saint-Malo, 28° toute la journée, la nuit la température ne baisse pas, c'est la canicule.

C'est formidable, nos cinq petits-enfants sont arrivés pour deux semaines sans leurs parents. On commençait à s'ennuyer un peu avec papi. Mais dès ce soir, Lilou a voulu sortir au cinéma avec son frère, sa sœur et ses cousins pour aller voir « Vidocq, les mémoires d'un voleur ». Papi et moi trouvions cette idée absurde car Nicolas est trop petit.

Lilou est très gentille mais parfois un peu impatiente, elle a lourdement insisté. Papi, toujours susceptible, s'est fâché. Lilou est montée bouder dans une chambre. Finalement, j'ai tout de même réussi à trouver un compromis, papi emmènera les enfants, il ira voir le dernier Disney avec Nicolas et les autres pourront regarder tranquillement « Vidocq ».

Allez mon cher journal, maintenant je vais préparer les spaghettis pour tout ce petit monde.

3 *** J'écris un extrait de journal intime

Badia et sa famille déménagent.
Elle raconte cet événement dans son journal intime.
Mets-toi à sa place et écris son journal en t'aidant des indications en italique.
Tu peux choisir un ou plusieurs jours.

1er jour

Elle voit pour la dernière fois ses amis à l'école.

→ ***Raconte l'attitude des camarades, ce qu'elle ressent…***

2e jour

Elle part en voiture.
Elle aide ses parents à porter les derniers cartons dans le coffre.

→ ***Décris ces derniers préparatifs***
Écris ce qu'elle ressent…
Imagine ce que ses parents ont pu lui dire pour la rassurer.

3e jour

Elle arrive dans son nouvel appartement qu'elle découvre. Elle déballe des cartons.

→ ***Décris cet appartement, sa chambre, ce qu'elle ressent…***

4e jour

Elle arrive dans sa nouvelle école, dans sa nouvelle classe.

→ ***Écris ce qu'elle ressent.***
Décris son école, sa classe, la réaction des autres enfants…

5e jour

Elle se fait de nouveaux amis.

→ ***Indique comment ils s'appellent et à quoi ils jouent, ce qu'ils se disent…***

5 Écrire et parler

J'améliore mon texte

Je vérifie mon extrait de journal intime

❶ * Je développe un journal intime

- J'ai daté mon journal.
- J'ai bien pris en compte les indications données.

❷ ** Je récris un texte sous la forme d'un journal intime

Situations 1 et 2 :

- J'ai utilisé le texte de départ en me mettant à la place de Lucas et de Lilou.
- J'ai imaginé et décrit les sentiments et les émotions qu'ils ont pu éprouver.

❸ * J'écris un extrait de journal intime**

- J'ai indiqué une date pour chaque journée.
- J'ai pris en compte les indications données.

Je vérifie comment j'ai écrit

- J'ai utilisé la 1re personne du singulier.
- J'ai écrit mon texte au présent de l'indicatif ou au passé composé.
- J'ai bien accordé les verbes. J'ai bien accordé les adjectifs avec les noms.
- J'ai utilisé les mots du tableau page 61 pour évoquer les sensations et les sentiments.

Je prends la parole

■ Réfléchis à quelque chose que tu aimes ou que tu détestes : un objet, un aliment, une activité... Explique à tes camarades pourquoi tu aimes ou détestes ce que tu as choisi.

Pour te préparer

- Fais la liste des raisons pour lesquelles tu as choisi cet objet ou cette activité.
  – L'objet : pour l'aspect, la couleur, l'apparence, le toucher, ce qu'il te rappelle...
  – L'activité : pour le moment, les personnes qui la pratiquent, le lieu...

Pour bien raconter

- Tu peux commencer en disant :
  – « Ce que je préfère, c'est... »
  – « Ce que je déteste, c'est... »
- Introduis les raisons avec « parce que », « car »...

D'autres journaux intimes à découvrir

* Jo Hoestlandt, *Le journal de Miss Pétoche*, éd. Bayard.

** Jeff Kinney, *Journal d'un dégonflé*, éd. du Seuil.

*** Paule du Bouchet, *Le Journal d'Adèle*, éd. Gallimard Jeunesse.

Des contes de sagesse

Unité 6

1. Ce personnage est un conteur. Comment voit-on qu'il cherche à attirer l'attention de ceux qui l'écoutent ?
2. Quels genres de contes as-tu déjà lus ou entendus ?
3. À ton avis, qu'est-ce qu'un conte de sagesse ?

Dans ce chapitre, tu vas :

Lire des contes de sagesse.

Écrire un conte de sagesse.

Raconter un conte à la manière d'un conteur.

6 Lire…

Que représente cette photographie ?
Dans quels pays pourrait-on voir cette scène ?

Histoire complète

Le fils de Nasreddine

Le fils de Nasreddine avait treize ans. Il ne se croyait pas beau. Il était même tellement complexé qu'il refusait de sortir de la maison. « Les gens vont se moquer de moi », disait-il sans arrêt. Son père lui répétait toujours qu'il ne faut pas écouter ce que disent les gens parce qu'ils critiquent souvent à tort et à travers, mais le fils ne voulait rien entendre.

Nasreddine dit alors à son fils : « Demain, tu viendras avec moi au marché. »

Fort tôt le matin, ils quittèrent la maison. Nasreddine Hodja s'installa sur le dos de l'âne et son fils marcha à côté de lui. À l'entrée de la place du marché, des hommes étaient assis à bavarder. À la vue de Nasreddine et de son fils, ils lâchèrent la bride à leurs langues : « Regardez cet homme, il n'a aucune pitié ! Il est bien reposé sur le dos de son âne et il laisse son pauvre fils marcher à pied. Pourtant, il a déjà bien profité de la vie, il pourrait laisser la place aux plus jeunes. » Nasreddine dit à son fils : « As-tu bien entendu ? Demain, tu viendras avec moi au marché ! »

Le deuxième jour, Nasreddine et son fils firent le contraire de ce qu'ils avaient fait la veille : le fils monta sur le dos de l'âne et Nasreddine marcha à côté de lui. À l'entrée de la place, les mêmes hommes étaient là. Ils s'écrièrent à la vue de Nasreddine et de son fils : « Regardez cet enfant, il n'a aucune éducation, aucune politesse. Il est tranquille sur le dos de l'âne, alors que son père, le pauvre vieux, est obligé de marcher à pied ! »

Je comprends

1. Quels personnages interviennent dans ce conte ?
2. Cite les deux endroits où se passe l'histoire.
3. Combien de temps dure cette histoire ?
4. Pourquoi le fils de Nasreddine ne veut-il pas sortir de chez lui ?
5. Quelle est l'occupation principale des hommes au marché ?
6. Que signifie la phrase « ils lâchèrent la bride à leurs langues » (ligne 11) ?
7. Comment les hommes réagissent-ils chaque fois qu'ils voient Nasreddine et son fils ?
8. Quel conseil Nasreddine donne-t-il à son fils ?
9. Que penses-tu de cette leçon de vie ?
10. Dans le titre du livre, tu peux lire : *Nasreddine, le fou qui était sage.* En quoi est-il fou, en quoi est-il sage ?

Nasreddine dit à son fils : « As-tu bien entendu ? Demain, tu viendras avec moi au marché ! »

Le troisième jour, Nasreddine Hodja et son fils sortirent de la maison à pied en tirant l'âne derrière eux, et c'est ainsi qu'ils arrivèrent sur la place. Les hommes se moquèrent d'eux :

« Regardez ces deux imbéciles, ils ont un âne et ils n'en profitent même pas. Ils marchent à pied sans savoir que l'âne est fait pour porter les hommes. » Nasreddine dit à son fils : « As-tu bien entendu ? Demain, tu viendras avec moi au marché ! »

Le quatrième jour, lorsque Nasreddine et son fils quittèrent la maison, ils étaient tous les deux juchés sur le dos de l'âne. À l'entrée de la place, les hommes laissèrent éclater leur indignation : « Regardez ces deux-là, ils n'ont aucune pitié pour cette pauvre bête ! » Nasreddine dit à son fils : « As-tu bien entendu ? Demain, tu viendras avec moi au marché ! »

Le cinquième jour, Nasreddine et son fils arrivèrent au marché portant l'âne sur leurs épaules. Les hommes éclatèrent de rire : « Regardez ces deux fous ; il faut les enfermer. Ce sont eux qui portent l'âne au lieu de monter sur son dos. »

Et Nasreddine Hodja dit à son fils : « As-tu bien entendu ? Quoi que tu fasses dans ta vie, les gens trouveront toujours à redire et à critiquer. Il ne faut pas écouter ce que disent les gens. »

Jihad Darwiche, *Sagesses et Malices de Nasreddine, le fou qui était sage*, © éd. Albin Michel Jeunesse, 2007.

Je lis à haute voix

Lisez le texte à plusieurs.
Un élève lira l'introduction (lignes 1 à 7), puis les autres liront chacun un paragraphe correspondant à une journée. Réfléchissez à l'intonation qu'il conviendra de prendre pour dire les paroles des hommes et la phrase de Nasreddine.

Je donne mon avis

À ton avis, ce texte est-il un conte ? Justifie ta réponse.

J'ajoute une phrase à l'histoire

Écris une phrase pour décrire la réaction de l'âne lorsque, le cinquième jour, Nasreddine et son fils le portent sur leurs épaules.

6 Lire...

Donne une définition du mot « xénophobie » en t'aidant des informations ci-contre.

Le suffixe ***-phobie*** vient du grec **phobos** qui signifie *peur*.
Par exemple, la zoophobie c'est la peur des animaux.
En grec également, ***xénos*** signifie étranger.

Histoire complète

Le jeune prince et l'étranger

À une époque lointaine, la pluie ne tombait plus sur un petit royaume. Le soleil dardait implacablement ses rayons brûlants sur la terre. Les lacs se desséchèrent et les rivières tarirent. Même dans le château du roi, il n'y eut bientôt plus rien à boire.

Ce matin-là, la reine manqua de force pour se lever. Le jeune prince, inquiet, décida de partir lui-même à la recherche d'eau, car aucun des serviteurs qu'il avait envoyés n'était revenu. Il prit dans les cuisines désertes une cruche en terre. Il se souvenait d'une source qui jaillissait au sommet d'une haute montagne et tombait en cascade jusqu'en bas, dans la vallée.

Lorsqu'il trouva la source, quelques gouttes à peine suintaient d'un rocher. Patiemment il remplit la cruche, goutte après goutte, et enfin, tout heureux, dévala la montagne pour apporter au plus vite de l'eau à sa mère.

Tout à coup, il aperçut une vieille gitane, assise sous un arbre, sa longue jupe bariolée recouverte de poussière. Il la reconnaissait pour l'avoir vue plusieurs fois aux portes du château disant la bonne aventure. La pauvre femme, assoiffée, n'avait plus la force de marcher. Le jeune prince s'agenouilla près d'elle, lui souleva doucement la tête et lui versa quelques gorgées d'eau fraîche dans la bouche. Tout de suite, la vieille dame se sentit mieux et lui sourit pleine de reconnaissance.

Le prince reprit la route en se hâtant. Quand il arriva au château, la jeune esclave de sa mère lui ouvrit la lourde porte. La jeune fille semblait épuisée. Le prince l'avait toujours vue travailler sans relâche depuis le jour où un marchand

Je comprends

1 Cite les deux raisons qui poussent le prince à partir chercher lui-même de l'eau.

2 En plus de sa mère, à qui le jeune prince donne-t-il à boire ?

3 Quel point commun ont les personnages auxquels le prince donne à boire ?

4 Quelle est la principale qualité du prince ?

5 L'étranger est-il un personnage ordinaire ? Justifie ta réponse.

6 Dans le dernier paragraphe, relève la phrase qui indique où a disparu le personnage.

7 Relève, dans le dernier paragraphe, les mots qui évoquent la lumière.

8 Qu'est-ce que le « firmament » (ligne 51) ?

9 D'après toi, à quoi correspond cette lumière ?

10 Quelle morale (ou leçon de vie) ce conte donne-t-il au lecteur ?

l'avait ramenée de force de son lointain pays. Dernièrement, il la surprenait souvent priant les dieux de ses ancêtres, les implorant de faire tomber la pluie.

Le cœur du prince se serra. Il tendit la cruche à la jeune esclave afin qu'elle puisse se désaltérer. La jeune fille le remercia et, ses forces rétablies, accompagna le prince jusqu'aux appartements de la reine. Là, le jeune garçon aida sa mère à boire l'eau limpide. Après quelques gorgées, la reine lui tendit le récipient et lui dit :

– Merci, mon fils. Bois maintenant, toi aussi.

Le prince, qui effectivement avait très soif, porta la cruche d'argile à ses lèvres. Mais au même instant, des coups retentirent à la grande porte du château. Laissant sa mère aux bons soins de la servante, le prince alla ouvrir.

Un étranger à la peau sombre se tenait debout sur le seuil de la porte. L'homme paraissait épuisé. Il devait venir de loin, car il portait un costume inconnu dans le royaume. Il vit la cruche d'argile dans les mains du jeune prince, et lui fit comprendre par signes qu'il avait très soif. Le prince n'hésita pas et lui tendit le récipient. L'homme but longuement et, tandis qu'il se désaltérait, son corps se redressa et ses vêtements se mirent à flotter autour de lui, comme animés par une brise invisible. Entre ses mains, la cruche d'argile prit la transparence du cristal. Lorsque l'homme s'arrêta de boire, il sourit au jeune prince, d'un sourire plein de douceur.

– Mon prince, lui dit-il, tu n'as pas montré le moindre signe de xénophobie ; tu as su voir en moi, non pas un étranger, mais un frère. Ainsi, de cette cruche que tu m'as tendue, jaillira une source qui désaltérera tous les habitants de ton royaume.

L'homme recula, puis fit tomber la cruche qui se brisa en mille gouttelettes scintillantes. Elles formèrent une source d'eau pure et cristalline jaillissant du plus profond de la terre.

Le jeune prince goûta l'eau limpide, puis se redressa pour remercier l'étranger, mais l'homme à la peau sombre avait déjà disparu. Le prince vit sa silhouette se fondre dans le firmament et à cet endroit du ciel apparut une belle lumière, d'un éclat pareil au plus pur cristal. Les habitants du pays se souvinrent toujours, en regardant cette lumière, du jeune prince et de l'étranger.

Johanna Marin Coles et Lydia Marin Ross, *L'Alphabet de la Sagesse*,

11 Relève les éléments qui montrent qu'il s'agit d'un conte.

Je lis à haute voix

Lis, à tes camarades, la dernière partie du conte, de la ligne 33 jusqu'à la fin.
Cherche à varier le ton de ta voix pour faire ressentir la douceur de l'étranger, puis la chute de la cruche et le caractère merveilleux de la fin du conte.

Je donne mon avis

Dis ce que tu aimes ou ce que tu n'aimes pas dans ce conte. Reporte-toi à des éléments précis du texte.

J'ajoute des phrases à l'histoire

Écris quelques phrases après « il n'y eut bientôt plus rien à boire » (lignes 3-4) pour développer un peu la situation initiale.

6 Pour mieux lire

Utiliser l'imparfait et le passé simple dans un récit

Je réfléchis

1 Relis cet extrait du conte *Le jeune prince et l'étranger* (pp. 68-69) puis réponds aux questions.

Tout à coup, le prince aperçut une vieille gitane, assise sous un arbre, sa longue jupe bariolée recouverte de poussière. Il la reconnaissait pour l'avoir vue plusieurs fois aux portes du château disant la bonne aventure. La pauvre femme, assoiffée, n'avait plus la force de marcher. Le jeune prince s'agenouilla près d'elle, lui souleva doucement la tête et lui versa quelques gorgées d'eau fraîche dans la bouche. Tout de suite, la vieille dame se sentit mieux et lui sourit pleine de reconnaissance.

J. Marin Coles et L. Marin Ross, *L'Alphabet de la Sagesse*, © éd. Albin Michel Jeunesse, 1999.

a. À quel temps les verbes surlignés en jaune sont-ils conjugués ? et les verbes surlignés en vert ?
b. Quel temps sert à indiquer les événements successifs qui se déroulent dans un récit ? Quel temps sert à donner des précisions ou des explications ?

Conseil

- Dans un récit, les phrases au **passé simple** et celles à **l'imparfait** n'ont pas le même rôle :
  - le **passé simple** indique les actions successives des personnages ; il **raconte** les **événements** qui font progresser le récit ;
  - l'**imparfait** donne des précisions ou des explications sur les personnages ; il sert à les **décrire**. Il sert aussi à préciser les circonstances de l'histoire.

Je m'entraîne

2* Recopie les passages qui indiquent les événements. Comment les reconnais-tu ? À quoi servent les autres phrases du texte ?

Un roi avait trois fils. Le plus jeune était maigre, fragile et souvent malade. Aussi le roi avait-il tendance à le négliger et à consulter plutôt ses deux autres fils, lors de problèmes délicats à résoudre. Le cadet des trois frères était extrêmement modeste, contrairement aux deux autres qui faisaient toujours preuve d'une vanité et d'un égoïsme indicibles[1].
Un jour, le roi attrapa une maladie qu'aucun médecin ne sut soigner. Tout le palais se désolait de cette situation tragique, quand une servante déclara qu'il existait une solution. On la fit venir au chevet du roi.

J. Marin Coles et L. Marin Ross, *L'Alphabet de la Sagesse* « La Politesse », © éd. Albin Michel Jeunesse, 1999.

1. **indicible :** que l'on ne peut pas décrire, inexprimable.

3 À quel temps mettrais-tu les verbes entre parenthèses : à l'imparfait ou au passé simple ?**

Autrefois (**exister**) une ville dont tous les habitants (**être**) aveugles. Un jour, un prince étranger qui (**traverser**) le pays (**s'établir**) avec sa cour au pied des remparts. Les habitants (**entendre**) bientôt parler d'un animal extraordinaire que (**monter**) le prince. Il (**s'agir**) d'un éléphant. Or il n'(**exister**) pas d'éléphant dans leur pays et ils ne (**savoir**) pas ce que cela (**pouvoir**) être. Ils (**décider**) d'envoyer six d'entre eux toucher l'animal, afin de pouvoir le décrire à tous les autres.

D'après J. Marin Coles et L. Marin Ross, *l'Alphabet de la Sagesse*, « Les Six aveugles et l'Éléphant », © éd. Albin Michel Jeunesse, 1999.

Méli mélo **Quelqu'un a recopié des proverbes en les mélangeant. Retrouve-les puis récris-les comme il convient.**

le chat parti n'amasse pas mousse
qui veut noyer son chien s'y pique
pierre qui roule vole un bœuf
qui s'y frotte l'accuse de la rage
qui vole un œuf, les souris dansent

Le conte de sagesse

Je me souviens

■ **Dans les textes *Le jeune prince et l'étranger* et *Le fils de Nasreddine* :**

- Quelles sont les étapes dans chaque conte ?
- Quel problème le personnage principal rencontre-t-il ?
- Quelle solution trouve-t-il ?
- Quels personnages s'opposent au fils de Nasreddine ?
- Quel personnage vient en aide au jeune prince ?
- Quelle leçon de vie chaque texte donne-t-il au lecteur ?

Je retiens

1 Le **conte de sagesse** est généralement construit comme la plupart des contes. On y trouve :
– une **situation initiale** ;
– l'arrivée d'un **problème** ou d'une difficulté ;
– un **héros** qui réussit à trouver une **solution**.

2 En plus du héros, interviennent des personnages qui l'aident ou s'opposent à lui.

3 À travers l'histoire, le conte de sagesse donne une **leçon de vie**. Une morale nous fait réfléchir. Il faut parfois la deviner à travers le récit.

Je m'entraîne

1 * Voici le résumé d'un conte. S'agit-il d'un conte de sagesse ? Justifie ta réponse.

Un meunier rêvait chaque nuit qu'il trouverait un trésor sous un pont menant au palais du roi. Un jour, il se décide à aller y creuser. Le voyant faire, les gardes du palais se demandent s'il n'est pas un malfaiteur et l'arrêtent. Ils le conduisent à leur capitaine qui, après avoir interrogé le meunier, lui dit : « N'es-tu pas fou de croire à ces rêves ? C'est comme si moi je rêvais que je dois aller dans ton moulin pour creuser et trouver un trésor ! » Et il relâche l'homme.
De retour chez lui, celui-ci se souvient des paroles du capitaine. Il se met alors à creuser le sol de son moulin et déterre un vieux coffre. Il l'ouvre, et y trouve un vieux parchemin sur lequel est écrit : « Ce qu'il y a de plus précieux est à l'intérieur de toi. » Le meunier se met à rire en comprenant qu'en effet, c'est dans son cœur qu'il trouvera la vraie richesse : le bonheur.

2 ** Lesquelles de ces phrases terminent un conte de sagesse ? Justifie tes réponses.

a. Ils se marièrent et eurent beaucoup d'enfants.
b. Sire, il faut regarder au-delà des mésaventures de la vie, et même si elles nous désolent sur le moment, garder confiance, car tout arrive pour le mieux.
c. Depuis ce jour, le dragon n'approche plus du village.
d. Mieux vaut le silence aux paroles inutiles, pensèrent les cygnes en s'éloignant tristement.
e. Ne fais pas aux autres ce que tu n'aimerais pas que l'on te fasse.

3 * Quelle leçon de vie ce texte veut-il donner au lecteur ? Reformule-la avec tes propres mots.**

De l'or ou des cailloux ?

Dans le village où habitait Nasreddine, les gens avaient l'habitude d'amasser les pièces d'or puis de les mettre dans une jarre qu'ils enterraient dans leur jardin. Une fois par an, ils déterraient la jarre, admiraient les pièces puis l'enterraient de nouveau. Nasreddine, cette année-là, prit des cailloux, les mit dans une jarre et l'enterra.
– Mais tu dois remplir ta jarre d'or, lui dirent les gens.
– Puisque vous ne dépensez pas votre argent, répondit Nasreddine, qu'importe que la jarre contienne de l'or ou des cailloux ?

Jihad Darwiche, *Sagesse et Malices de Nasreddine*,

Des verbes pour préciser les relations entre les personnages

Je réfléchis

1 Dans ce texte extrait du conte *Le fils de Nasreddine* (pages 66-67), relève les verbes qui indiquent comment les gens se comportent et comment le fils réagit.

Le fils de Nasreddine avait treize ans. Il ne se croyait pas beau. Il était même tellement complexé qu'il refusait de sortir de la maison. « Les gens vont se moquer de moi », disait-il sans arrêt. Son père lui répétait toujours qu'il ne faut pas écouter ce que disent les gens parce qu'ils critiquent souvent à tort et à travers, mais le fils ne voulait rien entendre.

Jihad Darwiche, *Sagesses et Malices de Nasreddine, le fou qui était sage,* © éd. Albin Michel Jeunesse, 2007.

2 Dans cet extrait, relève les verbes qui indiquent comment les personnages se comportent avec les autres.

Le cavalier salua le paysan et lui dit qu'il souhaitait acheter une pastèque. Le vieil homme choisit la meilleure, l'ouvrit et coupa plusieurs tranches.
– J'apprécie votre politesse, dit-il au prince en les lui tendant, et je n'accepterai pas d'être payé.
Le jeune homme savoura les tranches de pastèque. Puis il but l'eau fraîche offerte par le paysan, le remercia et s'en fut. Il poursuivit sa route durant quelques jours avant d'arriver en vue de la maison du djinn[1]. Les aboiements féroces des deux chiens firent sortir ce dernier. Le prince le salua, le complimenta sur son verger et lui expliqua le but de sa visite.

Johanna Marin Coles et Lydia Marin Ross, *L'Alphabet de la Sagesse*, « La Politesse », © éd. Albin Michel Jeunesse, 1999.

1. **djinn :** être surnaturel ayant des pouvoirs magiques.

3 Dans les phrases suivantes, relève les verbes qui indiquent ce que les personnages pensent des autres.

Le fils de Nasreddine et les gens de la ville

a. Le fils de Nasreddine craint le jugement et les moqueries des gens de la ville. Il a peur des autres.
b. Le fils de Nasreddine se moque de ce que pensent les gens de la ville. Ceux-ci l'admirent et l'envient.

Le roi et ses fils

c. Le roi compte sur ses fils aînés mais ne s'occupe pas de son plus jeune fils.
d. Le roi tombe malade et tout le monde s'en réjouit.

Le cavalier et les personnes qu'il rencontre

e. Le cavalier respecte le djinn.
f. Le paysan redoute la réaction du cavalier et se méfie de lui.

Des verbes pour décrire les relations entre les personnages

Entretenir de bonnes relations

- **Avoir confiance :** croire • suivre • consulter • se confier • compter sur • partager…
- **Aimer :** apprécier • estimer • adorer • s'attacher • rechercher…
- **Aider :** se soucier • s'inquiéter • prendre soin de • encourager • soutenir • défendre…
- **Respecter :** honorer • saluer • admirer • vénérer • être poli • remercier • complimenter…
- **Accepter :** accueillir • comprendre • tolérer • admettre • être d'accord…

Avoir de mauvaises relations

- **Se méfier :** soupçonner • douter • surveiller • être sur ses gardes • craindre • redouter…
- **Détester :** haïr • maudire • exécrer • injurier • fuir • éviter • envier • jalouser…
- **Critiquer :** se moquer • dénigrer • blâmer • condamner • railler • se disputer…
- **Mépriser :** injurier • dédaigner • regarder de haut • rabaisser…
- **Rejeter :** repousser • exclure • refuser • chasser…

Je m'entraîne

4 * **Trouve, dans les rubriques du tableau, le plus possible de paires de mots contraires.**

Exemple : aimer / détester.

5 ** **Complète ce texte avec des verbes du tableau qui conviennent.**

Quand j'ai eu le bras cassé, mes camarades de classe m' 1 à enfiler mon manteau et à écrire les devoirs sur mon agenda. Ils 2 de moi.

Pourtant, avant cet accident, il nous arrivait de nous 3, et même je 4 certains d'entre eux. Mais aujourd'hui, je les 5 beaucoup : ils ont été patients, même pendant ces jours où j'étais grognon et où je les 6. Aujourd'hui, je les 7 beaucoup.

6 ** **Dans quelle rubrique du tableau ajouterais-tu les verbes suivants ?**

conseiller • supporter • chérir • soutenir • ridiculiser

7 ** **Trouve l'adjectif et le nom qui correspondent à chacun des verbes de la liste.**

Exemple : envier / (être) envieux / l'envie

comprendre • jalouser • se méfier • dédaigner • se moquer • s'inquiéter • estimer • exclure

8 *** **Récris ce texte en transformant les mauvaises relations entre les personnages en relations amicales. Tu peux t'aider des rubriques du tableau.**

Autrefois, dans un immense empire, vivait un puissant roi que tout le monde détestait. Ce roi ne faisait confiance à personne : il était soupçonneux envers ses sujets et se méfiait même de ses ministres. Il se mettait facilement en colère. Ses sujets vivaient dans la peur. Tous les paysans le redoutaient et les seigneurs le méprisaient.

Écrire...

Pour écrire un conte de sagesse, je dois :

1. choisir une morale ;
2. inventer une histoire en relation avec cette morale ;
3. prévoir les différentes étapes du conte ;
4. indiquer le problème qui se pose ;
5. présenter le héros et les principaux personnages, préciser leurs relations ;
6. décrire ce que fait le héros pour résoudre le problème ;
7. préciser comment se termine l'histoire et quelle leçon le héros a apprise.

1 * J'écris la fin d'un conte de sagesse

Situation 1 **J'écris la morale.**

■ **La morale de ce petit conte chinois n'est pas précisée. Écris-la en quelques phrases.**

Un singe se promène le long d'une rivière lorsqu'il remarque dans l'eau un poisson. Comme il n'a jamais vu de poisson, il se dit :
« Cette pauvre créature est en train de se noyer, il faut que je la sauve. »
Ignorant mais habile, il attrape le poisson et le dépose sur la berge. Hors de l'eau, le poisson ne tarde pas à suffoquer et à mourir.
Et le singe se lamente : « Si j'avais agi plus tôt, j'aurais pu le sauver. »

Situation 2 **Je précise comment se termine l'histoire.**

■ **Écris ce que va faire le serpent et ce qu'il a appris grâce au sage.**

Un serpent terrorisait les habitants d'un village. Il les mordait quand ils passaient sur la route du marché. Un jour, il rencontra un sage qui lui apprit à ne plus mordre. Mais alors, les villageois le maltraitèrent.
Le serpent alla se plaindre au sage. Celui-ci lui rappela que s'il lui avait demandé de ne plus mordre, il ne lui avait pas interdit de siffler !

D'après Johanna Marin Coles et Lydia Marin Ross, *L'Alphabet de la Sagesse*, « Le Singe et le Serpent », © éd. Albin Michel Jeunesse, 1999.

2 ** Je décris les relations entre les personnages

■ **Lis ce résumé de conte de sagesse puis réponds aux questions.**

L'union fait la force

À la mort du roi, ses trois fils ne s'entendent pas et choisissent de vivre chacun de leur côté. Quand arrive un ennemi voulant conquérir leurs terres, chacun perd la bataille. Ils finissent par comprendre qu'il leur faut s'unir et que les différends qui les opposent ne sont pas importants.

a. **Donne un nom aux trois fils et décris leurs relations à la mort de leur père. Explique pourquoi ils ne s'entendent pas.**

b. **Décris leurs relations quand ils sont à nouveau unis, à la fin de l'histoire. Raconte ce qu'ils font.**

3 *** J'écris un conte de sagesse

Situation 1 **J'écris un conte de sagesse à partir d'une fable.**

■ **Récris cette fable en prose, sous la forme d'un conte.**

Le Lion et le Rat

Entre les pattes d'un Lion,
Un Rat sortit de terre assez à l'étourdie :
Le Roi des animaux, en cette occasion,
Montra ce qu'il était, et lui donna la vie.
Ce bienfait ne fut pas perdu.
Quelqu'un aurait-il jamais cru
Qu'un Lion d'un Rat eût affaire ?
Cependant il advint qu'au sortir des forêts
Ce Lion fut pris dans des rets,
Dont ses rugissements ne le purent défaire.
Sire Rat accourut, et fit tant par ses dents
Qu'une maille rongée emporta tout l'ouvrage.
Patience et longueur de temps
Font plus que force ni que rage.

Jean de La Fontaine, *Fables*, Livre II, fable 6.

a. **Décris les personnages et raconte leurs aventures.**
b. **Termine ton histoire en précisant la morale qu'elle donne.**

Le Lion et le Rat, illustration pour un bon point, vers 1900.

Situation 2 **J'écris un conte de sagesse.**

1 **Choisis une de ces morales et imagine une histoire pour l'illustrer.**

1. La colère est mauvaise conseillère.
2. La véritable amitié se voit dans le malheur.
3. On gagne toujours à être poli.
4. Le mensonge se découvre toujours.

- **Que signifie la morale que tu as choisie ? Reformule-la avec tes propres mots.**

2 **Choisis des personnages : un héros et les autres personnages qui interviennent. Ils peuvent être des animaux ou des hommes.**

3 **Réfléchis à la situation du héros au début de l'histoire et au problème qui se pose à lui.**

4 **Écris ce que font les personnages. Décris leurs relations.**

5 **Écris la fin de l'histoire en faisant apparaître la solution au problème et la leçon contenue dans la morale choisie.**

6 Écrire et parler

J'améliore mon texte → pages 74-75

Je vérifie mon conte de sagesse

1 * J'écris la fin d'un conte de sagesse

Situation 1 : Ma morale, courte, correspond bien à l'histoire racontée.

Situation 2 : J'ai raconté la nouvelle attitude du serpent et celle des villageois.

2 ** Je décris les relations entre les personnages

- J'ai décrit les relations entre les personnages, d'abord conflictuelles puis amicales.

3 * J'écris un conte de sagesse**

- Les personnages choisis et les événements racontés correspondent bien à la morale du conte.

Je vérifie comment j'ai écrit

- J'ai écrit la morale en utilisant le présent.
- J'ai utilisé des verbes indiquant la relation aux autres et des noms ou des adjectifs qui leur sont associés.
- J'ai fait attention aux accords des adjectifs selon le genre et le nombre des personnages.
- J'ai utilisé le passé simple pour faire avancer l'histoire et l'imparfait pour poser le cadre du récit.
- J'ai respecté l'ordre des étapes du conte.

Je prends la parole

Avec deux camarades, tu vas dire le conte *Le jeune prince et l'étranger* à la manière d'un conteur. Chacun dira une partie : le premier lira le début jusqu'à la ligne 19, le deuxième de la ligne 20 à la ligne 32 et le troisième de la ligne 33 jusqu'à la fin.

Pour te préparer

- Relève la partie du texte que tu dois dire et le moment de ton intervention.
- Relis plusieurs fois ton passage.
- Choisis les mots qui te semblent importants pour les mettre en valeur dans ta lecture.

Pour bien raconter

- Ne parle pas trop vite.
- Marque des pauses dans ton récit pour mettre en valeur certains mots importants.
- Change d'intonation pour exprimer les émotions des personnages.

D'autres contes de sagesse à découvrir

* *Les Philo-fables pour vivre ensemble*, Michel Piquemal, éd. Albin Michel Jeunesse.

** *Les Trois Arbres de la vie*, Giorda, éd. Albin Michel Jeunesse.

*** *Sagesses et Malices de Nasreddine, le fou qui était sage*, vol. 2, Jihad Darwiche, éd. Albin Michel Jeunesse.

Unité 7

Curieux, ce théâtre !

Festival d'Avignon, 2004.

1. Que sont toutes ces feuilles ? À quoi servent-elles ?
2. Sur une des affiches à gauche, on lit *Pièce montée*. Quels différents sens peut avoir ce groupe nominal ?
3. Es-tu déjà allé(e) au théâtre ?

Dans ce chapitre, tu vas :

Lire des scènes de théâtre un peu étranges.

Écrire une scène de théâtre insolite.

Jouer une scène insolite.

7 Lire…

Compare les noms des personnages de la photo et ceux du texte que tu vas lire. Que constates-tu ?

L'auteur et acteur Karl Valentin (à droite) accompagné, sur scène, par l'actrice Liesl Karlstadt (vers 1930).

Pièce complète

À la pharmacie

VALENTIN : Bonjour, monsieur le pharmacien.
KARLSTADT : Bonjour, monsieur, vous désirez ?
VALENTIN : Ben, c'est difficile à dire.
KARLSTADT : Aha, sûrement un mot latin ?
VALENTIN : Non, non, je l'ai oublié.
KARLSTADT : Bon, on va bien le retrouver, vous n'avez pas d'ordonnance ?
VALENTIN : Non !
KARLSTADT : Qu'est-ce que vous avez ?
VALENTIN : Eh bien, c'est l'ordonnance, c'est l'ordonnance que je n'ai pas.
KARLSTADT : Non, je veux dire, vous êtes malade ?
VALENTIN : D'où vous vient cette idée ? Est-ce que j'ai l'air malade ?
KARLSTADT : Non, je veux dire, le médicament est-il pour vous ou pour une autre personne ?
VALENTIN : Non, pour mon enfant.
KARLSTADT : Ah bon, pour votre enfant. C'est votre enfant qui est malade. Qu'est-ce qu'il a, cet enfant ?
VALENTIN : L'enfant, c'est sa mère qu'il n'a pas.
KARLSTADT : Ah, l'enfant n'a pas de mère ?
VALENTIN : Si, mais pas une vraie mère.
KARLSTADT : Ah bon, l'enfant a une belle-mère.
VALENTIN : Oui, oui, hélas, la mère est belle, mais ce n'est pas la vraie, et c'est pour ça qu'il aura pris froid.
KARLSTADT : Il tousse, cet enfant ?
VALENTIN : Non, il crie seulement.

Mise en scène Gerald Karrer et Bele Turl avec Titus Horst (K. Valent et Isabelle Leicht (L. Karlstac

Je comprends

1 Quels rôles jouent Karlstadt et Valentin dans cette pièce de théâtre ?

2 Que cherchent les deux personnages tout au long de ce dialogue ?

3 Pourquoi la conversation dure-t-elle si longtemps ?

4 Explique le malentendu entre Valentin et Karlstadt, lignes 3 à 5.

5 Que signifie « être borné » (ligne 31) ? Trouve une expression qui a le même sens.

6 Explique le sens des répliques lignes 41 et 42.

7 Relève les paroles de Valentin qui te semblent étranges.

8 Quels sont les moments comiques de cette pièce ?

KARLSTADT : Peut-être a-t-il des douleurs ?

VALENTIN : Possible, mais c'est compliqué. L'enfant ne dit pas où ça lui fait mal. Sa belle-mère et moi, on se donne la plus grande peine. Aujourd'hui, j'ai dit à l'enfant : si tu dis bien gentiment où ça te fait mal, plus tard, tu auras une belle moto.

KARLSTADT : Et puis ?

VALENTIN : L'enfant ne le dit pas, il est complètement borné.

KARLSTADT : Quel âge a-t-il donc, cet enfant ?

VALENTIN : Six mois.

KARLSTADT : Voyons, à six mois un enfant ne sait pas encore parler.

VALENTIN : Ça non, mais il pourrait tout de même montrer où il a des douleurs, si un enfant sait crier comme ça, il devrait pouvoir montrer où se trouve le foyer de la maladie, pour qu'on le sache.

KARLSTADT : Peut-être qu'il a toujours les doigts dans la bouche ?

VALENTIN : Oui, exact !

KARLSTADT : Alors, c'est qu'il est sur le point d'avoir ses premières dents.

VALENTIN : Les avoir de qui ?

KARLSTADT : De la nature.

VALENTIN : De la nature, c'est bien possible, mais alors il n'a pas besoin de crier, parce que quand on va avoir quelque chose on ne crie pas, on se réjouit. Non, non, l'enfant est malade et ma femme a dit : va à la pharmacie et rapporte - - - ? [...]

KARLSTADT : Ah, mon cher monsieur, c'est une affaire difficile pour un pharmacien quand on ne lui dit pas ce que veut le client !

VALENTIN : Ma femme m'a dit, si je ne sais plus le nom, je dois vous donner le bonjour de l'enfant, de ma femme plutôt, et l'enfant ne peut pas dormir, il est toujours terriblement agité.

KARLSTADT : Agité ? Mais prenez un calmant. Le mieux peut-être : Isopropilprophemilbarbituracidphénildiméthildimenthylaminophirazolon.

VALENTIN : Vous dites ?

KARLSTADT : Isopropilprophemilbarbituracidphénildiméthildimenthylaminophirazolon.

VALENTIN : Comment ça s'appelle ?

KARLSTADT : Isopropilprophemilbarbituracidphénildiméthildimenthylaminophirazolon.

VALENTIN : Ouiii ! C'est bien ça ! Si simple et on n'arrive pas à s'en souvenir !

Karl Valentin, *À la pharmacie,* dans *Sketches*, traduit de l'allemand par Jean-Louis Besson et Jean Jourdheuil, © éditions Théâtrales, Coll. Théâtrales Jeunesse, 2002.

Je lis à haute voix

Lis, avec un(e) camarade, le début de cette pièce (lignes 1 à 23). Prenez le ton qui convient pour montrer que les personnages ne se comprennent pas toujours.
Entraîne-toi aussi à lire le nom du médicament (ligne 52) avec le ton qu'il faut.
Attention : prends ton temps et articule bien !

Je donne mon avis

Arrive-t-on toujours à se faire comprendre quand on parle ? Justifie ta réponse par des exemples.

J'ajoute une réplique à la pièce

Écris ce que Valentin, de retour chez lui, dit à sa femme.

Quelle est la différence entre un auteur, un acteur, un personnage et un metteur en scène ?

Les acteurs : Roland Dubillard (à gauche), également auteur, et Claude Piéplu (à droite), jouant une scène des *Diablogues* au théâtre de la Michaudière (Paris, janvier 1975).

Pièce complète

Marée montante

UN : Voilà encore la pleine lune qui revient.

DEUX : Je te vais lui donner des coups de pied dedans, moi, si elle continue.

UN : Qu'est-ce qu'elle a, hein ? Qu'est-ce qu'on lui a fait, qu'elle revienne comme ça tout le temps !

DEUX : Pour moi, c'est de la publicité.

UN : Vous croyez ? Alors, c'est de la publicité mal faite, parce qu'on sait pas pour quel produit c'est de la publicité.

DEUX : Et puis si c'est de la publicité, raison de plus pour donner des coups de pied dedans.

UN : Ah oui ! Ah oui, alors !

DEUX : Remarquez, c'est peut-être ça qu'elle veut, qu'on ait envie de lui donner des coups de pied dedans. C'est peut-être de la publicité pour une marque de ballons de football.

UN : Eh ben ! des ballons de football comme ça, faudrait me payer cher pour que j'en achète un ! Un ballon qui se dégonfle tout le temps !

DEUX : Oui, vous avez raison. C'est peut-être une réclame pour une marque de pompes à bicyclette.

UN : Alors elle est ratée, comme réclame ! Parce qu'une pompe à bicyclette qui me donnerait envie de donner des coups de pied dedans, moi, ça prouverait que c'est une mauvaise pompe. J'en voudrais pas ! Je préférerais regonfler mes pneus avec ma bouche.

Deux : Allez, venez, on va pas rester là.

Un : Ah non, on va pas rester là. Avec cette pleine lune qui nous tombe dessus. Et rien d'autre à regarder tout autour !

Deux : Moi, si on reste là, je deviens fou.

Un : Allez, on s'en va.

Deux : On s'en va.

Un : Oui. C'est pas très tentant, de s'en aller, comme ça, en pleine nuit.

Deux : Ça, faut dire. Surtout qu'on a un bout de chemin à faire.

Un : On ferait peut-être mieux d'attendre.

Deux : D'attendre quoi ?

Un : Que la marée baisse.

Deux : Oui, si on était sûr qu'elle va baisser. Mais depuis une heure qu'on est là, sur ce petit rocher de rien du tout, eh bien ce petit rocher de rien du tout, il s'est pas arrêté de devenir de plus en plus petit. Rien ne nous dit qu'elle va pas monter encore plus, la marée, alors on sera bien avancé d'avoir attendu.

Un : Oh, ben, à ce moment-là, il sera toujours temps de s'en aller.

Deux : C'est vrai, oui. Vous savez nager, vous ?

Un : Oui, et puis la mer est tellement calme. Y a pas une vague.

Deux : N'empêche. Moi j'ai jamais nagé dans le noir.

Un : L'essentiel, c'est que vous sachiez nager dans l'eau.

Deux : Oui, ben je trouve que c'est déjà pas commode de nager dans de l'eau, mais s'il faut nager dans le noir en même temps…

Un : Vous croyez que c'est plus dur ?

Deux : J'en ai bien peur. Forcément, ça doit être plus épais.

Un : Alors, on doit flotter plus facilement. Déjà, à cause du sel, dans l'eau de mer on flotte mieux que dans l'eau douce. Avec le noir en plus, on doit flotter tout seul.

Deux : Oui, mais pour avancer, c'est une autre question. Et puis, qui est-ce qui vous dit que le noir, c'est comme le sel ? Peut-être que ça ne fond pas, dans l'eau, peut-être que ça se mélange seulement, comme le sable. Vous avez déjà essayé de nager dans des sables mouvants, vous ?

Un : Non, j'ai pas osé. Il paraît que c'est dangereux.

Deux : Et comment, que c'est dangereux.

Les Diablogues de Roland Dubillard par « La Compagnie du Lointain », avec Luc Churin et Alain Mégissier, Théâtre d'Alençon, 2010.

UN : Oui, mais c'est un cas spécial. Ce qui est dangereux, dans les sables mouvants, c'est que c'est ambigu. On ne sait pas comment s'y prendre, on se demande s'il faut marcher dessus ou nager dedans, alors on hésite, finalement on ne fait ni l'un ni l'autre, on perd la tête et, au lieu de marcher ou de nager, on s'enfonce.

DEUX : Ça y est, va falloir qu'on se lève, je sens la marée qui me monte là où je pense.

UN : C'est frais, comme impression.

DEUX : Tant que y a que ça de frais, ça peut aller, l'impression. Mais quand ce sera nous… Vous verrez, tout à l'heure, nous aussi, on sera frais. Et ça, ça sera beaucoup moins drôle.

UN : Oh, c'est pas la première fois qu'on aura péri en mer.

DEUX : La dernière fois on avait un bateau, c'était tout de même plus confortable. Pour périr.

UN : En tout cas, vous pourrez remarquer que Georges, lui, il n'est pas venu.

DEUX : Je vous avais dit qu'il fallait se méfier des rendez-vous de Georges. Il vous dit : On va rigoler, alors des fois c'est vrai ; il vient au rendez-vous et on rigole. Mais y a des fois où pour ce qui est de la rigolade, y a que lui qui en profite. Je suis bien tranquille qu'il rigole en ce moment, Georges, il doit être installé au bout de la jetée, avec ses grosses jumelles, et il se rince l'œil avec la tête qu'on fait. Dans le noir.

UN : Et bien alors, faites une autre tête, mon vieux, souriez.

Deux rit.

À la bonne heure. J'aime mieux vous voir comme ça. C'est beau, ça, de rire quand on n'a pas envie.

DEUX : Je ris à cause des bulles qui me remontent le long du dos. Ça chatouille. Je ne rirai plus longtemps. Ma tête est sous l'eau. Glou glou.

UN : Ah oui, oh ben ! la mienne aussi, vous savez.

Je comprends

1 Comment l'auteur nomme-t-il les personnages ?

2 Quel effet cela crée-t-il pour le lecteur ?

3 Où se trouvent les personnages ? Relève la phrase qui l'indique.

4 À quel endroit du texte comprend-on pourquoi ils sont là ?

5 Dans le texte, relève des informations qui montrent :
– que la situation peut être grave ;
– que la situation n'est pas vécue de façon dramatique.

6 À la fin de la scène, on lit la didascalie « *Deux rit* » (ligne 79). Pourquoi rit-il ?

7 Que croit Un quand Deux rit ?

8 Explique le jeu de mots dans ces répliques, lignes 41 et 42 : « Moi j'ai jamais nagé dans le noir. / L'essentiel, c'est que vous sachiez nager dans l'eau. »

9 Explique pourquoi les répliques des lignes 67 à 69 n'ont pas de sens. On dit qu'elles sont absurdes.

10 Quel est le niveau de langue de ce texte ?

DEUX : Zut alors. Glouglou.

UN : Et puis, croyez-moi, c'est pas la peine de répéter tout le temps glouglou, sous prétexte que vous avez la tête sous l'eau. C'est conventionnel. Pourquoi pas : hélas ! pendant que vous y êtes ?

DEUX : Je dis glouglou, parce que papa et maman ils m'ont appris que quand on avait la tête sous l'eau, fallait dire : glouglou. Moi, je tiens à rester civilisé.

UN : Vous avez raison. Puisque nous nous noyons, que ce soit du moins en français. Glou glou.

DEUX : Glouglou.

UN : Glouglou (etc.)

Roland Dubillard, *Les Diablogues et autres Inventions à deux voix*, © éd. Gallimard, 1998.

11 Quels sont les adjectifs qui te semblent caractériser cette pièce de théâtre : drôle, stupide, dramatique, incompréhensible, joyeuse, absurde, banale ? Justifie ta réponse.

Je lis à haute voix

Lis, avec un(e) camarade, un passage de cette pièce :
– le début avec les commentaires des personnages sur la lune et la publicité, lignes 1 à 21 ;
– le moment où ils réalisent qu'il faut s'en aller, lignes 22 à 42 ;
– la fin de la scène, lignes 70 à 95.

Je donne mon avis

À ton avis, comment est formé le mot « diablogue » ? Comment comprends-tu ce mot ?

J'ajoute une réplique à la pièce

Écris ce qu'a pu dire Georges quand il a donné rendez-vous à ses amis.

7 Pour mieux lire

Suivre l'enchaînement des répliques

Je réfléchis

1 **Dans la pièce *À la pharmacie* (pages 78-79), combien de fois Valentin commence-t-il ses répliques par « non » ?**
Combien de répliques commencent par « oui » dans la pièce *Marée montante* (pages 80-83) ?
Trouve, dans cette pièce, d'autres formulations pour dire que l'on est d'accord.

2 **Relève, dans ce passage, les mots qui sont repris d'une réplique à l'autre.**

DEUX : Pour moi, c'est de la publicité.
UN : Vous croyez ? Alors, c'est de la publicité mal faite, parce qu'on sait pas pour quel produit c'est de la publicité.
DEUX : Et puis si c'est de la publicité, raison de plus pour donner des coups de pied dedans.
UN : Ah oui ! Ah oui, alors !
DEUX : Remarquez, c'est peut-être ça qu'elle veut, qu'on ait envie de lui donner des coups de pied dedans. C'est peut-être de la publicité pour une marque de ballons de football.
UN : Eh ben ! des ballons de football comme ça, faudrait me payer cher pour que j'en achète un ! Un ballon qui se dégonfle tout le temps !

Conseil

Pour comprendre comment **le dialogue évolue** dans une scène de théâtre, je cherche comment les personnages se répondent d'une réplique à l'autre :
- **ils sont d'accord :** *oui, vous avez raison, ah oui alors, tout à fait, absolument, parfaitement…*
- **ils s'opposent :** *non, pas du tout, absolument pas…*
- **ils reprennent l'idée de la réplique précédente,** parfois avec les mêmes mots.

De temps en temps, les personnages **changent de sujet de conversation** pour faire avancer le dialogue.

Je m'entraîne

3* **Classe ces répliques en deux colonnes : celles qui marquent un accord / celles qui marquent une opposition.**

a. Parfaitement mon cher Watson !
b. Affirmatif, mon capitaine, j'étais là quand cela s'est produit.
c. Vraiment pas, je ne peux pas croire ça.
d. Tout à fait, cela n'a pas d'importance.
e. Je dirai même plus, c'est un drôle d'oiseau.
f. Pas du tout, je n'ai jamais dit cela.

4** **Relève la réplique qui marque un changement de sujet dans la conversation.**

UN : Oh, c'est pas la première fois qu'on aura péri en mer.
DEUX : La dernière fois on avait un bateau, c'était tout de même plus confortable. Pour périr.
UN : En tout cas, vous pourrez remarquer que Georges, lui, il n'est pas venu.
DEUX : Je vous avais dit qu'il fallait se méfier des rendez-vous de Georges.

5*** **Relève les expressions qui sont reprises d'une réplique à l'autre. Puis relève les marques d'acquiescement.**

UN : Allez, on s'en va.
DEUX : On s'en va.
UN : Oui. C'est pas très tentant, de s'en aller, comme ça, en pleine nuit.
DEUX : Ça, faut dire. Surtout qu'on a un bout de chemin à faire.
UN : On ferait peut-être mieux d'attendre.
DEUX : D'attendre quoi ?
UN : Que la marée baisse.
DEUX : Oui, si on était sûr qu'elle va baisser.

Textes des exercices 2, 4 et 5 : Roland Dubillard, *Marée montante* dans *Les Diablogues et autres Inventions à deux voix*, © éd. Gallimard, 1998.

Méli mélo **Retrouve le sens de ces expressions figurées.**

a. tirer le diable par la queue : se battre • manquer d'argent • punir
b. envoyer au diable : se tromper d'adresse • faire une farce • repousser brutalement
c. ne pas être un mauvais diable : n'avoir que des défauts • être mal déguisé • avoir des qualités malgré les apparences

Le théâtre insolite

Je me souviens

Dans les textes *À la pharmacie* et *Marée montante* :

- Pourquoi les noms des personnages ne permettent-ils pas de se les représenter ?
- Quelles phrases et quelles situations semblent étranges ou invraisemblables ?
- Les personnages se comprennent-ils toujours ? Pourquoi ?
- Les situations présentées sont-elles comiques ? inquiétantes ? banales ?

Je retiens

Dans le théâtre insolite :

1 Les personnages n'ont **pas d'identité précise**.

2 Les situations sont parfois **invraisemblables** et **peu réalistes**.

3 Les scènes peuvent **faire rire** alors que les situations ne sont pas drôles et sont même parfois **dramatiques**. On dit que les situations sont **absurdes**.

4 Les paroles échangées et les raisonnements n'ont pas toujours beaucoup de sens. Ils sont **absurdes**.

5 Les personnages **jouent avec le langage**.

Je m'entraîne

1 * Parmi ces couples de personnages, relève ceux dont les noms ne précisent pas leur identité.

a. personnage OUI / personnage NON
b. personnage A / personnage B
c. Monsieur Vincent / Mademoiselle Claire
d. la femme / l'homme
e. grand-père Jo / grand-mère Gi
f. le comte / la comtesse
g. personnage 1 / personnage 2
h. le garagiste / le client

2 ** Trouve, parmi ces situations, celles qui sont absurdes.

a. C'est la guerre, un bombardement commence dans la nuit. Deux voisins discutent comme s'il s'agissait d'un feu d'artifice.
b. Il fait de plus en plus chaud. Martin décide de quitter son appartement et d'aller au bord de la mer.
c. Un avion va s'écraser. À son bord, le commandant commente le paysage dans le micro.
d. Une famille décide de faire une balade à vélo. Chacun vérifie que les pneus de son vélo sont bien gonflés.

3 * Explique les jeux avec le langage dans ce dialogue.**

LE GUIDE : Suivez le guide !
UN TOURISTE : Je suis le guide.
SON CHIEN : Je suis mon maître.
UNE JOLIE FEMME : Je suis le guide. Donc je ne suis pas une femme, puisque je suis un homme. [...]

© Jacques Prévert, *Suivez le guide*, dans *Fatras*, éd. Gallimard.

4 * Explique ce qui fait de ce dialogue un extrait de théâtre insolite.**

MONSIEUR A, *avec chaleur* : Oh ! Chère amie. Quelle chance de vous…
MADAME B, *ravie* : Très heureuse, moi aussi. Très heureuse de… vraiment oui !
MONSIEUR A : Comment allez-vous depuis que ?...
MADAME B, *très naturelle* : Depuis que ? Et ! Bien ! J'ai continué, vous savez, j'ai continué à…

Jean Tardieu, *Finissez vos phrases*, recueilli dans *Le professeur Frœppel*, © éd. Gallimard.

Utiliser les mots pour surprendre ou amuser

Je réfléchis

1 À quoi te fait penser ce texte ? Relève les verbes et indique le sens qu'ils ont en commun.

Je cause
Tu jases
Il (elle) taille une bavette
Nous papotons
Vous caquetez
Ils (elles) jactent.
SILENCE !

F. Séguy et Y. Fastier, *Bla bla bla*, © éd. Mijade, 2002.

2 Reconnais-tu ce début de conte pour enfants ? Relève les mots inventés.

L'était une fois une petite Bou qui livait dans la forest avec sa maïe et son païe.
Un jour, elle partit caminer dans la forest pour groupir des flores.

E. Valentin, *Bou et les 3 zours*, © L' Atelier du poisson soluble, 2008.

3 Pourquoi ces phrases sont-elles amusantes ? Sont-elles faciles à comprendre à l'oral ?

Mon père est marinier
Dans cette péniche
Ma mère dit : « La paix niche
Dans ce mari niais. »

© Bobby Lapointe

4 En quoi les noms des personnages sont-ils étranges ? Comprends-tu ce qu'ils disent ? Quels mots sont étrangement employés ?

LE PRINCE DE MOTORDU : Et maintenant, chers amis, avez-vous choisi votre viande ?
LE COMPTE SURTÉDOY : Je prendrais volontiers du gigot de bouton !
LA DUCHESSE : Et moi, une côte d'anneau !
LE MARRON : J'hésite entre le boulet rôti et le pâté de veuf !

Pef, *Le Grand banquet* dans *Le Théâtre de Motordu*, © éd. Gallimard Jeunesse.

5 Essaie d'expliquer ces expressions. En quoi sont-elles surprenantes ?

a. un mort-vivant
b. un chaud-froid de volaille
c. un silence assourdissant
d. un beau cauchemar

Des procédés pour surprendre ou amuser

Utiliser des mots qui se ressemblent

- **des paronymes :** vache / tache • bébé / pépé • bijou / bisou • marron / marrant…
- **des anagrammes :** neige / génie • chien / niche • harpe / phare • image / magie…
- **des homonymes :** verre / vers / ver / vert • foie / fois…

Utiliser des synonymes de niveaux de langue différents

manger / bouffer / grignoter • parler / causer / jacter • rire / se marrer / se poiler…

Associer des contraires

une sauce aigre-douce • une sombre clarté • un gentil méchant • un mort-vivant • un illustre inconnu…

Inventer des mots

ilsopropilprophemilbarbituracidphenildiméthildimenthylaminophirazolon •
caminer (pour se promener) • groupir (pour cueillir)…

Je m'entraîne

6 * Écris des phrases avec les homonymes suivants.

Exemple : (le) maire / (la) mère / (la) mer → Le maire remercie ma mère d'aller à la mer dès mercredi.

a. (une) paire / (un) père / (c'est) pair / (il) perd
b. (il est) sot / (un) seau / (un) sceau / (un) saut

7 * En conservant la prononciation orale, invente des phrases avec ces couples de groupes nominaux. Fais attention à l'accord du verbe.

Exemple : « un train, des rails » peut s'écrire sans changer la prononciation → Un train déraille dans la gare.

a. un héros, des livres
b. un homme, des ménages
c. un vent, des coiffes
d. une crème, des rides
e. un tournevis, des vis

8 ** Remplace chaque mot souligné par un mot de même classe se trouvant sur la même page de dictionnaire. Quelles drôles de phrases vas-tu obtenir ?

La fillette : Papa, je voudrais bien que tu <u>m'achètes</u> cette jolie <u>pochette</u> de <u>feutres</u> pailletés pour mon anniversaire.
Le père : Tu en as déjà ! Tu ne préfères pas adopter un petit <u>poisson</u> qui <u>tourne</u> dans son <u>bocal</u> ?

9 ** Parmi ces expressions, relève celles qui associent des mots opposés.

une plume légère • un bruit infernal • un jeune vieillard • une élégante personne • une chaleur rafraîchissante • un soleil de plomb • une calme tempête • une agréable douleur

• **Propose, à partir des mots suivants, d'autres expressions qui associent des mots opposés.**

obscur • salé • petit • clair • géant • sucré

10 * Retrouve les mots qui ont été transformés dans ce passage du *Théâtre de Motordu*.**

La scène représente une rivière.
SIMON, *après un bâillement de bonheur :* J'adore la bêche, la bêche à la ligne. J'aime l'heureux fait du soleil sur la rivière. J'aime les petites bagues aux doigts de l'eau. J'aime le vol des bellules, des si jolies bellules. J'aime…
SAMUEL : Salut Simon !
SIMON : Salut, Samuel !
SAMUEL : Tu pêches à quoi ?
SIMON, *relevant sa ligne :* Au verre, comme d'habitude.

Pef, *La Petite Irène*, dans *Le Théâtre de Motordu*,
© éd. Gallimard Jeunesse.

7 Écrire…

Pour écrire une scène insolite, je dois :

1. désigner les personnages de manière générale (homme / femme, A / B, etc.) ;
2. imaginer une situation dramatique mais écrire des répliques qui font rire ;
3. jouer avec le langage ;
4. varier la manière d'enchaîner les répliques (accord, opposition, reprise de mots, changement de sujet de conversation) ;
5. disposer le texte comme un texte de théâtre.

1 * J'écris les répliques qui manquent

Situation 1 **Les deux personnages de cette scène, Machin et Truc, ne comprennent jamais la même chose. Écris les répliques du second personnage.**

À la terrasse d'un café. Machin commente le journal. Truc lui répond.

MACHIN : Eh bien dis donc, l'arbitre n'a pas pris de gants lors de ce match !

TRUC : 1

MACHIN : Tu as vu, ce joueur-là est tombé dans les pommes !

TRUC : 2

MACHIN : L'entraîneur a passé un sacré savon à ses joueurs à la fin du match !

TRUC : 3

Situation 2

1 **Remets ces répliques dans l'ordre. Aide-toi des mots qui sont repris d'une réplique à la suivante.**

A. UN : 1, 2, 3, 4, 5, 6, 7, 8, 9 et 10. Dix gouttes, il m'a dit le docteur. Dans un peu d'eau sucrée, avant les deux principaux repas.

B. UN : Vous êtes sûr ?

C. DEUX : Je me suis peut-être trompé. J'en ai compté treize […]. Enfin ça n'a pas d'importance. L'important c'est que vous, vous soyez sûr de votre compte.

D. DEUX : Vous êtes sûr que vous en avez mis dix ? Moi, j'en ai compté douze.

2 **Continue le dialogue en écrivant les répliques de Deux. Lis bien la réplique qui précède et celle qui suit. Reprends des mots des répliques de Un.**

UN : Sûr, sûr… Comment voulez-vous que je sois sûr. Il faudrait que je recompte.

DEUX : 1

UN : Ben oui, mais comment voulez-vous que je les recompte, moi ! Les gouttes, maintenant, on ne les voit plus. Elles se sont mélangées dans le verre.

DEUX : 2

UN : Comment, ça fait rien ?

Roland Dubillard, *Le Compte-Gouttes*, dans *Les Diablogues et autres Inventions à deux voix*, © éd. Gallimard, 1998.

2 ** J'écris des répliques en jouant avec le langage

Situation 1 **Ajoute quelques répliques à cette scène.
Remplace certains mots par d'autres mots de même classe
(un nom remplace un nom, un verbe remplace un verbe, etc.).**

Une soirée bizarre

Lucas Bonmot a fait tomber le dictionnaire : tous les mots se sont mélangés et, le soir, devant la télévision, son père commence à dire un mot pour un autre sans s'en apercevoir, puis c'est le tour de Sophie, sa mère.

LE PÈRE : Bon, j'ai dit : on regarde le documentaire et ensuite on va se loucher. C'est compris ?

Lucas et sa sœur se regardent d'un air amusé.

LA SŒUR *(à Lucas en chuchotant avec espièglerie)* : C'est vrai Lucas, tu vas te loucher ?

Le téléphone sonne.

LE PÈRE : Allô, belle maman ? Non, vous ne nous dérangez pas ; nous regardons la lampe. Je vous passe Sophie… Sophie, c'est ta cafetière ! Elle demande si nous venons manger demain chez elle.

LA MÈRE : Allô maman... Non, Charles ne prépare pas le café, il regarde la contravention, je mets l'aspirateur, comme ça nous pourrons tous t'entendre.

LA MAMIE : ~

Situation 2 **Choisis une expression et cherche ce qu'elle signifie.
Écris des répliques entre deux personnages qui ne comprennent pas l'expression de la même manière. Utilise les procédés du tableau, page 87, pour jouer avec le langage.**

chercher la petite bête • marcher sur des œufs • ne pas mâcher ses mots • décrocher la lune • prendre la porte • ne pas être dans son assiette

3 *** J'écris une scène insolite

■ **Un couple sort du supermarché et ne retrouve plus sa voiture sur le parking.
Écris une scène insolite entre les deux personnages.
Aide-toi des consignes ci-dessous.**

a. Désigne tes personnages d'une manière générale.

b. Présente la situation dans la première réplique.

c. Enchaîne les répliques : les personnages se répondent en reprenant des mots de la réplique précédente, en marquant leur accord (*oui*…), en s'opposant (*c'est impossible*…).

d. Cherche ce qui pourrait rendre la situation drôle.
Exemples :
– l'un a oublié ce qu'ils cherchent et parle à chaque fois d'autre chose ;
– ils ne sont pas d'accord sur l'endroit où chercher ;
– ils utilisent des moyens exagérés pour leur recherche (ils passent un appel radio, ils montent sur le toit du supermarché pour mieux voir…).

7 Écrire et parler

J'améliore mon texte

Je vérifie ma scène

❶ * J'écris les répliques qui manquent

Situation 1 : Les répliques de Truc ne répondent pas à ce que dit Machin.

Situation 2 : J'ai enchaîné les répliques en reprenant des mots.

❷ ** J'écris des répliques en jouant avec le langage

Situation 1 : J'ai remplacé des mots par d'autres mots.

Situation 2 : J'ai utilisé une expression : un des personnages l'utilise au sens figuré et l'autre au sens propre.

❸ * J'écris une scène insolite**

- J'ai désigné les personnages de manière générale.
- J'ai indiqué quel était le problème de départ.
- Les réactions des personnages ne sont pas adaptées au problème et à la situation.

Je vérifie comment j'ai écrit

❶ * J'écris les répliques qui manquent

Situation 1 : J'ai utilisé les expressions figurées au sens propre.

Situation 2 : J'ai tenu compte de la réplique qui précède et de celle qui suit.

❷ ** J'écris des répliques en jouant avec le langage

Situation 1 : Les mots de remplacement appartiennent à la même classe que les mots remplacés.

- Quelle que soit la situation d'écriture choisie, j'ai disposé mon texte comme doit l'être un texte de théâtre.

Je prends la parole

■ **Avec des camarades, joue la scène *Une soirée bizarre*, page 89.**

Pour te préparer

- Chacun choisit son personnage : le père, la mère, le frère, la sœur ou la mamie.
- Repère bien les mots transformés dans les répliques du père et de la mère.

Pour bien jouer ton rôle

- Dis les répliques avec les mots transformés de façon naturelle.
- Articule pour que tous les mots soient bien entendus.
- Joue sur l'intonation pour renforcer l'aspect comique.

D'autres pièces de théâtre à découvrir

* *Le Théâtre de Motordu*, Pef, éd. Gallimard Jeunesse.

*** *Finissez vos phrases !*, Jean Tardieu, éd. Gallimard Jeunesse.

*** *La Place de l'Étoile*, Robert Desnos, éd. Gallimard Jeunesse.

La bande dessinée et le roman

Unité 8

Mais il n'avait pas fait cinq cents mètres qu'il rencontra un Renard clopinant sur trois pieds et un Chat aveugle.
Ils allaient, s'aidant l'un l'autre, comme deux bons compagnons d'infortune.
Le Renard boiteux s'appuyait sur le Chat aveugle qui se laissait guider par son camarade.

– Bonjour Pinocchio
– Comment sais-tu mon nom ?

1. À ton avis, que fait l'homme à sa table de travail ?
2. Quelle histoire veut-il raconter ?
3. Comment est-il passé de la vignette 1 à la vignette 3 ?

Dans ce chapitre, tu vas :

Lire un épisode de roman adapté en BD.

Écrire un scénario de BD.

Décrire une vignette de BD.

Une terrible découverte

Rémi vit heureux avec mère Barberin. Mais un jour, Jérôme, le mari, décide d'envoyer Rémi à l'hospice. En effet, rappelle-t-il, celui-ci n'est pas leur enfant. Rémi a entendu la conversation…

Yann Dégruel, *Sans famille*, *Mère Barberin*, tome 1, © Guy Delcourt Productions, 2003.

8 Lire...

Couverture, coll. « folio » © éd. Gallimard Jeunesse.

Rémi se mit à appeler mère Barberin.

« Ah ! maman. »

Elle accourut près de mon lit :

« Est-ce que tu me laisseras aller à l'hospice ?

– Non, mon petit Rémi, non. » Et elle m'embrassa tendrement en me serrant dans ses bras.

Cette caresse me rendit le courage, et mes larmes s'arrêtèrent de couler.

« Tu ne dormais donc pas ? me demanda-t-elle doucement. Alors tu as entendu tout ce qu'a dit Jérôme ?

– Oui, tu n'es pas ma maman ; mais lui n'est pas mon père. »

Je ne prononçai pas ces quelques mots sur le même ton, car, si j'étais désolé d'apprendre qu'elle n'était pas ma mère, j'étais heureux, presque fier de savoir que lui n'était pas mon père.

« J'aurais dû, dit-elle, te faire connaître la vérité ; mais tu étais si bien mon enfant, que je ne pouvais pas te dire, sans raison, que je n'étais pas ta vraie mère ! Ta mère, pauvre petit, tu l'as entendu, on ne la connaît pas. Est-elle vivante, ne l'est-elle plus ? On n'en sait rien. Un matin, à Paris, comme Jérôme allait à son travail et qu'il passait dans l'avenue de Breteuil, qui est large et plantée d'arbres, il entendit les cris d'un enfant. Ils semblaient partir de l'embrasure d'une porte d'un jardin. C'était au mois de février ; il faisait petit jour. Il s'approcha de la porte et aperçut un enfant couché sur le seuil. Comme il regardait autour de lui pour appeler quelqu'un, il vit un homme sortir de derrière un gros arbre et se sauver. Sans doute cet homme s'était caché là pour voir si l'on trouverait l'enfant qu'il avait lui-même placé dans l'embrasure de la porte. Voilà Jérôme bien embarrassé, car l'enfant criait de toutes ses forces, comme s'il avait compris qu'un secours lui était arrivé. Pendant que Jérôme réfléchissait à ce qu'il devait faire, il fut rejoint par d'autres ouvriers, et l'on décida qu'il fallait porter l'enfant chez le commissaire de police. Il ne cessait pas de crier. Sans doute il souffrait du froid. Mais, comme dans le bureau du commissaire il faisait très chaud, et que les cris continuaient, on pensa qu'il souffrait de la faim, et l'on alla chercher une voisine qui voudrait bien lui donner le sein. Il se jeta dessus. Il était véritablement affamé. Alors on le déshabilla devant le feu. C'était un beau garçon de cinq ou six mois ; les langes et les linges dans lesquels il était enveloppé disaient clairement qu'il appartenait à des parents riches. C'était donc un enfant qu'on avait volé et ensuite abandonné. Ce fut au moins ce que le commissaire expliqua. Qu'allait-on en faire ? Après avoir écrit tout ce que Jérôme savait, et aussi la description de l'enfant avec celle de ses langes qui n'étaient pas marqués, le commissaire dit qu'il allait l'envoyer à l'hospice des Enfants trouvés, si personne, parmi tous ceux qui étaient là, ne voulait s'en charger ; c'était un bel enfant, sain, solide, qui ne serait pas difficile à élever ; ses parents, qui bien sûr allaient le chercher, récompenseraient généreusement ceux qui en auraient pris soin. Là-dessus, Jérôme s'avança et dit qu'il voulait bien s'en charger ; on le lui donna. »

Hector Malot, *Sans famille*, Première partie.

Je comprends

1 La BD (bande dessinée) et le roman racontent-ils la même histoire ?

2 Quels sont les personnages principaux dans la BD et dans l'extrait de roman ?

3 Qu'est-ce que mère Barberin apprend à Rémi ?

4 De quels moments de la vie de Rémi parle-t-on dans cet épisode ?

5 Pourquoi père Barberin a-t-il proposé de garder l'enfant ?
Justifie ta réponse avec des indices pris dans la BD puis dans le texte.

6 Quels sentiments Rémi éprouve-t-il envers Jérôme ? Justifie ta réponse.

7 Quels sentiments mère Barberin éprouve-t-elle pour Rémi ?

8 De quoi Rémi a-t-il peur ? Comment le sais-tu ?

9 Qu'est-ce qu'un hospice à la fin du XIXe siècle ?

10 Comment le dessinateur de la BD a-t-il procédé pour distinguer le récit de mère Barberin du reste de l'histoire ?

11 En quoi la vignette 14 est-elle différente ? Pourquoi ?

12 Retrouve, dans le texte, les phrases ou les passages conservés dans la BD.

Je lis à haute voix

Lis, avec un(e) camarade, le dialogue du roman, page 94 (lignes 2 à 10).
Fais attention à changer les intonations de ta voix en fonction des sentiments exprimés par Rémi. Repère à quel moment il est triste, courageux, presque fier...
Ne lis pas les passages qui correspondent au récit.

Je donne mon avis

Quelle lecture préfères-tu, celle de la page de roman ou celle des planches de BD ?
Pourquoi ?

J'ajoute des bulles à l'histoire

Dans l'avant-dernière vignette, imagine les pensées de Rémi et celles de mère Barberin.

Comprendre comment l'image raconte

Je réfléchis

1 Regarde, page 92, les vignettes 5, 6 et 7 puis réponds aux questions.

a. Quelle vignette correspond à un plan large ? à un plan moyen ? à un gros plan ?
b. Quelle vignette traduit une émotion ? montre un paysage ? isole les personnages importants ?

2 Compare les vignettes 8 et 14, page 93.

a. Laquelle de ces deux vignettes nous présente la scène comme si on se tenait au-dessus d'elle ? Par quel mot peux-tu exprimer ce que cette vignette nous fait ressentir : fragilité ou force ?
b. Observe, à la vignette 14, mère Barberin qui réconforte Rémi. Comment est-elle présentée ?

3 Regarde l'enchaînement des vignettes 7, 8 et 9 de la BD pages 92-93. Que représente chacune de ces vignettes ? De quel élément se rapproche-t-on ? Pourquoi ?

Conseil

Pour bien lire une BD, il faut être attentif à la façon dont le dessinateur compose ses vignettes. Chaque scène est dessinée selon :

- **un plan** : plan large, plan moyen ou gros plan.
- **un angle de vue** :
  – l'angle de vue **normal** : l'angle de vision est au niveau du personnage, de l'objet…
  – l'angle de vue **en plongée** : la scène est vue d'en haut et crée une impression de fragilité ;
  – l'angle de vue **en contre-plongée** : la scène est vue de dessous et crée une impression de puissance.
- **L'effet de zoom** permet de passer d'une vignette à une autre en se rapprochant d'un élément pour le mettre en valeur.

Je m'entraîne

4 * Indique le plan qui correspond à chaque dessin : plan large, plan moyen ou gros plan.

a b c

5 ** Trouve, dans la BD *Une terrible découverte* (pages 92-93), deux vignettes qui s'enchaînent par un effet de zoom.

- Parmi ces deux vignettes, quelle est celle qui présente un gros plan ?

6 ** Sur quel élément zoomerais-tu pour raconter cette situation en BD ?

Mère Barberin allume le feu pour préparer le petit déjeuner. Elle aperçoit le lit de Rémi vide et comprend que Jérôme l'a emmené à l'hospice.

7 *** Décris l'atmosphère de chaque vignette puis indique l'angle de vue utilisé pour chacune : normal, en plongée ou en contre-plongée.

a b c

Méli mélo

Un mot peut en contenir d'autres. Par exemple, dans le mot *maisonnette*, tu peux trouver les mots *mais, son, nette, sonnette, mai, ma, maison, on, ne*.

Trouve les mots cachés dans les mots suivants.

MERVEILLEUSE • SITUATION • COURAGE • DÉCOUVERTE • INSUPPORTABLE

L'adaptation d'un roman en BD

Je me souviens

Souviens-toi de la BD et du récit *Une terrible découverte* (pages 92-94) :

- Retrouves-tu les textes des cartouches et des bulles dans l'extrait du roman ?
- Dans la BD, comment sont traduites les phrases « l'enfant criait de toutes ses forces » et « il vit un homme sortir de derrière un gros arbre et se sauver » ?
- Peut-on lire, dans le roman, ce que dit père Barberin en trouvant le bébé ? et dans la BD ?
- Quel âge avait Rémi lorsqu'il a été trouvé ? Où as-tu lu la réponse ?
- Dans la vignette 12, comment le dessin montre-t-il l'importance des vêtements de l'enfant ?

Je retiens

Dans une BD écrite à partir d'un roman :

1. la plus grande partie du texte est traduite par l'image ; une autre partie du texte se retrouve dans les bulles, les cartouches ou est remplacée par des onomatopées ;
2. certaines informations du roman disparaissent, d'autres sont ajoutées ;
3. les vignettes ne suivent pas toujours l'ordre de l'écriture du roman ;
4. le choix des plans attire l'attention sur certains éléments ; celui de l'angle de vue crée une impression de grandeur, d'écrasement...

Je m'entraîne

Lis le texte puis fais les exercices ci-contre.

Maman s'inquiète : ce matin, Tom n'est vraiment pas dans son assiette. Il a les cheveux hirsutes, collés par la sueur, et regarde son bol de chocolat avec un air soupçonneux. « Mais enfin, Tom, tu vas le boire ce chocolat ? » s'impatiente maman.

À sa grande surprise, Tom fond en larmes : « C'est comme dans mon rêve, j'avançais dans une rivière couleur chocolat et je sentais sous mes pieds une horrible boue liquide. Je me suis réveillé en découvrant que j'étais encerclé par les crocodiles. Ils m'attrapaient et me tiraient vers le fond. »

1 * Imagine que tu souhaites transformer ce texte en BD. Relève les mots que tu conserverais pour les placer dans les bulles de la BD.

2 * Quelle phrase pourrais-tu remplacer par des onomatopées ?

3 ** Quel plan choisirais-tu pour montrer le personnage de Tom devant son bol de chocolat : un gros plan, un plan large ou un plan moyen ?

4 ** Sous quel angle de vue dessinerais-tu la mère qui s'impatiente : normal, en plongée ou en contre-plongée ?

5 * Suivrais-tu la chronologie du texte dans tes vignettes ou dessinerais-tu la scène de cauchemar avant de montrer Tom et sa maman au petit déjeuner ? Justifie ton choix.**

8 Vocabulaire

Les mots de la bande dessinée

Je réfléchis

1 Comment s'appellent les éléments numérotés ?

une bulle • un cartouche • une onomatopée • un signe graphique

**2 Des signes graphiques sont souvent dessinés pour renforcer la signification du dessin.
En trouves-tu dans les vignettes ci-contre ?
Quelle forme ont-ils ?
Quelle est leur signification ?
En connais-tu d'autres ? Lesquels ?**

Vignette 9, p. 93

Vignette 12, p. 93

3 Associe chaque angle de vue à sa vignette puis à sa définition. Quelle impression crée chaque plan ?

angle de vue

1. normal
2. en plongée
3. en contre-plongée

A

B

C

définition

a. On voit la scène comme si on était au-dessus d'elle.

b. On voit la scène comme si on était en dessous d'elle.

c. On voit la scène comme si on était au même niveau.

Le vocabulaire de la bande dessinée

L'organisation de l'histoire

- **L'écriture** : un synopsis • un scénario
- **Des procédés** : le découpage • la mise en page
- **Des éléments** : une case ou une vignette • le cadre • une bande • une planche • une séquence

La partie texte

- **Le contenant** : une bulle ou un ballon ou un phylactère • un cartouche
- **Le contenu** : le texte • les onomatopées
- **Un procédé** : le lettrage (tracé des lettres par le dessinateur)

Le dessin

- **Des procédés** : le crayonné • l'encrage • la mise en couleur ou la colorisation
- **Des plans** : le plan large • le plan moyen • le plan américain • le gros plan • le très gros plan
- **Des angles de vue** : de face • de dos • de profil • en plongée (vue de dessus) • en contre-plongée (vue de dessous)

Je m'entraîne

4* À quel mot du tableau ci-dessus correspond chaque définition ?

A. C'est l'action de prévoir les vignettes nécessaires pour raconter l'histoire en BD.
B. C'est un encadré situé dans la vignette pour donner des indications supplémentaires.
C. C'est un mot dont le son imite le bruit que fait un objet, un mouvement…

5 Indique, pour chaque vignette, l'angle de vue du personnage.**

6 Observe les vignettes 7, 8, 9 et 14, pages 92-93. Associe chaque vignette à sa description.**

a. plan rapproché / présence d'onomatopées / un personnage vu de profil, un autre vu de face
b. plan large / vue en contre-plongée / présence de deux cartouches et d'une bulle
c. plan moyen / personnages vus de profil / présence d'un cartouche / vignette sans cadre
d. plan large / vue en plongée / présence de deux bulles pour un même personnage

7* Récris le texte en remplaçant les mots ou les groupes de mots écrits en gras par des mots du tableau.**

Pour réaliser mon histoire en BD, j'ai dessiné **des carrés** sur mes feuilles. Cela me fera deux **pages** de dessins. J'aime bien la série **d'images** où l'on voit le personnage **de dessus**, suivi **d'un dessin très gros** de son chapeau. On sent bien qu'il va lui arriver quelque chose.

8 Écrire...

Pour écrire le scénario d'une BD à partir d'un roman, je dois :

1. découper le récit en un certain nombre de vignettes.

Pour chaque vignette, je dois :

2. prévoir le descriptif de la scène à dessiner avec le plan choisi (plan large, plan moyen, gros plan...) ;

3. préciser comment sont vus les personnages (angle de vue) ;

4. écrire les paroles des bulles et les textes des cartouches.

Le départ de Rémi

Jérôme Barberin a vendu Rémi à un musicien ambulant, Vitalis, accompagné d'un singe et de trois chiens acrobates.

– Allons, Rémi, marchons, mon enfant, dit Vitalis.

Et sa main tira mon bras.

Alors je me mis à marcher près de lui. Heureusement, il ne pressa point son pas, et même je crois bien qu'il le régla sur le mien.

Le chemin que nous suivions s'élevait en lacets le long de la montagne, et, à chaque détour, j'apercevais la maison de mère Barberin qui diminuait, diminuait. Bien souvent j'avais parcouru ce chemin et je savais que quand nous serions à son dernier détour, j'apercevrais la maison encore une fois, puis qu'aussitôt que nous aurions fait quelques pas sur le plateau, ce serait fini ; plus rien ; devant moi l'inconnu ; derrière moi la maison où j'avais vécu jusqu'à ce jour si heureux, et que sans doute je ne reverrais jamais. Heureusement la montée était longue ; cependant à force de marcher, nous arrivâmes au haut. Vitalis ne m'avait pas lâché le poignet.

– Voulez-vous me laisser reposer un peu ? lui dis-je.

– Volontiers, mon garçon.

Et, pour la première fois, il desserra la main. Mais, en même temps, je vis son regard se diriger vers Capi, et faire un signe que celui-ci comprit. Aussitôt, comme un chien de berger, Capi abandonna la tête de la troupe et vint se placer derrière moi. Cette manœuvre acheva de me faire comprendre ce que le signe m'avait déjà indiqué : Capi était mon gardien ; si je faisais un mouvement pour me sauver, il devait me sauter aux jambes. J'allai m'asseoir sur le parapet gazonné, et Capi me suivit de près. Assis sur le parapet, je cherchai de mes yeux obscurcis par les larmes la maison de mère Barberin. Au-dessous de nous descendait le vallon que nous venions de remonter, coupé de prés et de bois, puis tout au bas se dressait isolée la maison maternelle, celle où j'avais été élevé.

Hector Malot, *Sans famille*, Première partie.

Sans famille, téléfilm Daniel Verhaeghe Pierre Richard (à dr et Jules Sitruk (à gauc

1 * Je complète le scénario d'une BD

Situation 1 **Lis l'épisode *Le départ de Rémi,* page 100. Puis imagine comment tu adapterais ce nouvel extrait du roman en BD de 4 vignettes. Complète le scénario ci-dessous. Si les personnages parlent, écris leurs paroles.**

- **Vignette 1 :** Rémi est tenu par Vitalis et crie « maman ».
- **Vignette 2 :** Vitalis, Rémi, le singe et les trois chiens marchent les uns derrière les autres.
- **Vignette 3 :** ...
- **Vignette 4 :** ...

Situation 2 **Lis l'épisode *Le départ de Rémi,* page 100. Puis complète le scénario ci-dessous en indiquant, pour chaque vignette, le plan, l'angle de vue des personnages, les paroles et, éventuellement, les textes des cartouches.**

- **Vignette 1 :** Rémi est triste, il pleure beaucoup.
- **Vignette 2 :** Vitalis explique à Rémi que les Barberin ne sont pas ses parents et qu'ils sont trop pauvres pour le garder.
- **Vignette 3 :** Rémi continue de pleurer.
- **Vignette 4 :** Vitalis lui demande de comprendre que la vie est une bataille dans laquelle on ne fait pas ce qu'on veut. Rémi écoute, et les compagnons de Vitalis également.
- **Vignette 5 :** Vitalis prend le menton de Rémi avec douceur et plonge son regard dans ses yeux.

2 ** Je réalise une partie de la BD

1. **Lis l'épisode *Le départ de Rémi*, page 100, de la ligne 6 à la ligne 16. Décris les 3 vignettes que tu dessinerais pour adapter ce passage du roman en BD.**

2. **Pour chaque vignette, indique le plan du cadrage, l'angle de vue des personnages et, éventuellement, les paroles et les textes des cartouches.**

3 *** J'écris un nouveau scénario

■ **En t'aidant des extraits du roman (pages 94 et 100) et de la BD (pages 92-93), imagine le scénario d'une BD en 8 vignettes qui montre Rémi, devenu adulte, en train de raconter à ses enfants comment a commencé sa vie.**

- **Indique, pour chaque vignette, le plan du cadrage, l'angle de vue des personnages et, éventuellement, les paroles et les textes des cartouches.**

- **Tu veilleras à marquer la différence entre les vignettes qui montrent Rémi adulte et celles qui illustrent les événements du passé. Pour ces dernières, tu peux t'inspirer des vignettes 7 à 12 de la BD (pages 92-93).**

J'améliore mon texte

Je vérifie mon scénario de BD

1 * Je complète le scénario d'une BD

Situation 1 : J'ai découpé le texte en 4 parties. Chaque partie est illustrée par une vignette.

- Pour chaque vignette, j'ai écrit ce que font les personnages. J'ai indiqué leurs paroles.

Situation 2 : Pour chaque vignette,

- j'ai choisi le plan et l'angle de vue en fonction de l'impression que je voulais donner à la scène ;
- j'ai écrit les paroles et, éventuellement, les textes des cartouches.

2 ** Je réalise une partie de la BD

- Mes vignettes s'enchaînent bien et racontent la même histoire que le texte.

3 * J'écris un nouveau scénario**

- Mon scénario comporte des vignettes qui montrent Rémi et ses enfants et des vignettes qui parlent du passé de Rémi.

Je vérifie comment j'ai écrit

- Mon texte est précis ; il permet de se représenter les différents moments de la BD.
- Les paroles des personnages sont en relation avec le texte et le descriptif des vignettes.
- J'ai utilisé un vocabulaire précis pour décrire chaque vignette.
- J'ai indiqué les plans et les angles de vue.
- J'ai utilisé des gros plans sur les visages pour mettre l'accent sur les sentiments des personnages.

Je prends la parole

■ **Choisis une vignette sur laquelle on voit Rémi seul ou Rémi et mère Barberin, pages 92-93. Décris-la pour la faire trouver à tes camarades. Ne lis pas les paroles s'il y en a. Utilise les termes de « plan » et d'« angle de vue » dans ta description.**

Pour te préparer

- Observe la vignette que tu as choisie.

– Quels sont les éléments dessinés ?
– Sous quel angle de vue les voit-on ?
– Quel est le plan utilisé ?
– Y a-t-il des bulles ? des cartouches ?

Pour bien décrire la vignette

- Exprime-toi clairement.
- Marque des temps de pause entre deux informations successives.

D'autres adaptations de romans en BD à découvrir

** Loïc Dauvillier, Olivier Deloye, d'après *Oliver Twist* de Ch. Dickens, éd. Delcourt.

** David Chauvel, Fred Simon, d'après *L'Île au trésor* de R. L. Stevenson, éd. Delcourt.

** Michel Plessix, d'après *Le Vent dans les saules* de K. Grahame, éd. Delcourt.

Unité 9

Des poèmes

Le Poète, gouache sur papier (21 x 24 cm), Roger de la Fresnaye (1885-1925).

1. Quel mot lis-tu sur la feuille ?
2. Sur quel sujet cet homme va-t-il écrire ?
3. Aimes-tu lire ou écouter des poèmes ?

Dans ce chapitre, tu vas :

Lire des poèmes.

Écrire un poème.

Dire un poème de manière expressive.

9 Lire...

Penses-tu que tout le monde puisse écrire de la poésie ?

Tu dis

Tu dis sable
et déjà
la mer est à tes pieds

Tu dis forêt
et déjà
les arbres te tendent leurs bras

Tu dis colline
et déjà
le sentier court avec toi vers le sommet

Tu dis nuages
et déjà
un cumulus t'offre la promesse du voyage

Tu dis poème
et déjà
les mots volent et dansent
comme étincelles dans ta cheminée.

Joseph-Paul Schneider,
Les Plus Beaux Poèmes pour les enfants,
éditions Jean Orizet, © éd. Le cherche midi éditeur.

Bon appétit

Quel plaisir
de déguster les mots
les avoir bien en bouche
les mâcher mâchonner mâchouiller
les mordiller les mastiquer
avec une extrême gourmandise
en savourant
les jus de mots.

François David,
Si je donne ma langue au chat est-ce qu'il me la rendra ?,
DR.

Je comprends

1 Dans le poème ***Tu dis***, à qui s'adresse le poète ?

2 Qu'arrive-t-il lorsque les mots *sable*, *forêt*, *colline*, *nuages* sont prononcés ?

3 Quels mots sont répétés dans toutes les strophes ?

4 Que veut dire l'auteur dans la dernière strophe ?

5 Dans le poème ***Bon appétit***, relève tous les verbes utilisés.

6 Du point de vue du sens, qu'ont en commun tous ces verbes ? À quel champ lexical appartiennent-ils ?

7 À quoi le poète compare-t-il les mots ? Utilise-t-il une comparaison ou une métaphore ?

8 Qu'est-ce que « les jus de mots » (vers 8) ?

9 Dans ***Ton poème***, qu'est-ce que le poète conseille à son lecteur de chercher et où ?

10 Que trouvera le lecteur à la fin de sa recherche ? Relève les mots qui le disent.

Ton poème

Marche n'arrête pas
de marcher d'ouvrir les portes
de soulever les pierres
de fouiller dans les tiroirs de l'ombre
de creuser des puits dans la lumière

cherche n'arrête pas
de chercher les traces de l'oiseau
dans l'air
l'écho dans le ravin
l'incendie dans les neiges
de l'amandier

tout l'ignoré
le caché
l'inconnu
le perdu

Cherche tu trouveras
le mot et la couleur
de ton poème

Jean Pierre Siméon,
Les Plus Beaux Poèmes d'hier et d'aujourd'hui,
de Jacques Charpentreau,
« Le florilège de Fleur d'encre »,
© éd. Le Livre de Poche Jeunesse, 2014

11 Comment comprends-tu les trois derniers vers ?

12 Trouves-tu des points communs à ces trois poèmes ? Lesquels ?

Je donne mon avis

Lequel de ces trois poèmes préfères-tu ? Pourquoi ?

Je lis à haute voix

Lis, avec un(e) ou deux camarades, l'un de ces poèmes. Si vous choisissez le poème :
– *Tu dis* ou *Ton poème*, répartissez-vous les strophes ;
– *Bon appétit*, répartissez-vous les vers ou les verbes.
Vous pouvez aussi dire quelques vers tous ensemble, en même temps.

J'ajoute une strophe au poème

Écris une strophe, avant la dernière du poème *Tu dis*.
Dans le premier vers, tu peux utiliser un des mots suivants : *rivière, pierre, soleil, oiseau*.

9 Lire...

D'après toi, y a-t-il des choses plus poétiques que d'autres ? Lesquelles ? Pourquoi ?

Ces quatre poèmes sont extraits de l'œuvre poétique *Battre la campagne* de Raymond Queneau (1903-1976).

Le Voyageur et son ombre

Un voyageur pensif en fronçant fort son front
contemplait la nature énorme énorme chose
pleine de mystères et de contradictions
pleine de boules puantes et de fleurs écloses
Tout autour s'étendaient les prés et la verdure
les volcans les jardins les rochers et l'azur
les forêts les radis les oiseaux les pinsons
les golfes les déserts les bœufs les charançons
et le penseur pensif toujours frônçant sa hure[1]
contemplait contemplait contemplait la nature
Il se mit à pleuvoir Alors le voyageur
ouvrit son parapluie et regarda quelle heure
il était à sa montre et reprit son chemin
en murmurant tout bas : moi je n'y comprends rien

L'Orage

Tout à coup l'orage accourt
avec ses grosses bottes mauves
il piétine les bégonias les blés les prés
il marche sur les chênes
il emplit les rus[2] de son urine
il crache de la boue
il broie l'air entre ses bras
et puis il s'en va
content de lui

1. **hure :** tête de certains animaux (sanglier, saumon). Le mot s'emploie parfois familièrement pour désigner la tête de quelqu'un.
2. **ru :** petit ruisssseau.

Je comprends

1 Dans le poème ***Le Voyageur et son ombre***, quel verbe, répété quatre fois, précise ce que fait le voyageur ?

2 Relève, dans le poème, des mots qui marquent quelques contradictions que l'on peut trouver dans la nature.

3 Pour voir tout ce qu'il voit, où le voyageur doit-il être placé ?

4 Lorsqu'il se met à pleuvoir, pourquoi le voyageur change-t-il d'attitude ?

5 D'après toi, à quoi le voyageur ne comprend-il rien ?

6 Dans le poème ***L'Orage***, à quoi le poète compare-t-il l'orage ?

7 Dans le poème ***La Mouche***, à quoi la mouche est-elle comparée ?

8 Que penses-tu de ces comparaisons ?

9 Quels sens a le verbe *réfléchir* dans le poème *La Mouche* (vers 7, 8 et 11) ?

La Mouche

La mouche n'a pas de forme humaine
elle ressemble plutôt a une brebis
son bêlement se fait entendre au cours des siestes
comme les hommes elle dort la nuit
la mouche se nettoie la tête comme le chat
se lisse les ailes comme le moineau
et s'immobilise parfois pour réfléchir
Elle réfléchit à la nature du verre
et quand elle croit avoir résolu le problème elle s'envole
et pan ! la voilà qui se cogne contre la vitre encore une fois
contre la vitre qui, elle aussi, réfléchit

Apprendre à voir

Les champs de blés mauves et les prés rouge sang
le tronc des arbres bleu le feuillage ocre ou brun
les agneaux verts les chèvres jaunes et les vaches argentées
le ruisseau de mercure et la mare de plomb
la ferme en sucre roux l'étable en chocolat
pourquoi pas pourquoi pas pourquoi pas pourquoi pas

L'Estaque, chemin tournant (1906), tableau de André Derain (1880-1954).

Pour les poèmes de cette double page :
Raymond Queneau, recueillis dans *Battre la campagne*

10 Dans le poème ***Apprendre à voir***, quels mots rendent curieux ce qui est regardé ?

11 Que répondrais-tu à la question répétée dans le dernier vers ?

Je donne mon avis

Observe le tableau du peintre André Derain. Trouves-tu des points communs avec le poème *Apprendre à voir* ?

Je lis à haute voix

Lis, devant la classe, l'un des deux poèmes *L'Orage* ou *La Mouche*. Accompagne ta lecture de gestes correspondant à ce que tu lis.

J'ajoute quelques vers au poème

Écris quelques vers supplémentaires au poème *Apprendre à voir*. Tu les placeras avant le dernier vers. Parle des maisons, des rues, du village ou de la ville.

9 Pour mieux lire

Repérer les phrases pour lire un poème sans ponctuation

Je réfléchis

1 **Relève, dans ces vers extraits de la fable *Le Loup et l'Agneau*, tous les signes de ponctuation.**

Un agneau se désaltérait
Dans le courant d'une onde pure.
Un loup survint à jeun, qui cherchait aventure,
Et que la faim en ces lieux attirait.
« Qui te rend si hardi de troubler mon breuvage ?
Dit cet animal plein de rage :
Tu seras châtié de ta témérité. »

Jean de La Fontaine, *Fables*, Livre I, fable 10.

a. À quels signes dois-tu marquer un arrêt bien net ? À quel signe dois-tu t'arrêter moins longtemps ?
b. Dois-tu lire de la même façon les vers 5 et 7 ?
c. Pourquoi la ponctuation t'aide-t-elle à lire ?

2 **Relis les deux premières strophes du poème *Tu dis* (p. 104) puis réponds aux questions.**
a. Combien de vers et de phrases compte chaque strophe ?
b. T'arrêtes-tu à la fin de chaque vers ? Pourquoi ?
c. À quels endroits du texte marques-tu un arrêt ?

3 **Relis les vers 1 à 7 du poème *La Mouche* (p. 107).**
a. À quel endroit pourrait-on mettre un point ? Où pourrait-on mettre une virgule ?
b. Chaque vers correspond-il à une phrase ?

Conseil

Pour bien lire **un poème**, il faut **repérer les phrases**. Habituellement, la ponctuation les indique. Elle indique aussi quelle intonation il faut prendre.

Dans la **poésie moderne**, la ponctuation est souvent absente. Une phrase ne correspond pas toujours à un vers. Il faut donc bien repérer les phrases, en **tenant compte du sens**.

Je m'entraîne

4* **Lis ces vers en t'aidant de la ponctuation. Précise quels arrêts tu feras et quel ton tu adopteras quand tu liras le poème à haute voix.**

L'escargot

Est-ce que le temps est beau ?
Se demandait l'escargot
Car, pour moi, s'il faisait beau
C'est qu'il ferait vilain temps.
J'aime qu'il tombe de l'eau,
Voilà mon tempérament.
Combien de gens, et sans coquille,
N'aiment pas que le soleil brille.
Il est caché ? Il reviendra !
L'escargot ? On le mangera.

Robert Desnos, *Chantefables et Chantefleurs*, © éd. Gründ, 1957.

5** **Précise où tu t'arrêteras en lisant ce poème, et pourquoi. Puis lis-le à haute voix.**

Bien placés bien choisis

Bien placés bien choisis
quelques mots font une poésie
les mots il suffit qu'on les aime
pour écrire un poème
on ne sait pas toujours ce qu'on dit
lorsque naît la poésie
faut ensuite rechercher le thème
pour intituler le poème
mais d'autres fois on pleure on rit
en écrivant la poésie
ça a toujours kékchose d'extrême
un poème

Raymond Queneau, in *Pour un art poétique* recueilli dans *L'Instant fatal*, © éd. Gallimard, 1966.

Méli mélo

Reconstitue quatre vers d'un poème écrit par Maurice Carême en remettant ces groupes de mots dans le bon ordre. Les rimes et les majuscules t'aideront.

Et mes lèvres · J'écris · des champs · une grenouille · se mouillent · au milieu · le mot · Rire · étang · J'entends

Le texte poétique

Je me souviens

- **Relis les poèmes de l'unité, pages 104 à 107.**
- De quoi parlent les poètes dans leurs textes ?
- En lisant le titre *Bon appétit* (page 104), s'attend-on à ce que le poète nous parle de mots ?
- Relève des répétitions de mots et des répétitions de sons.
- Comment appelle-t-on les sons qui se répètent à la fin des vers ? En trouves-tu dans ces textes ?
- Relève quelques exemples de comparaisons et de métaphores.
- Dans quel poème les vers sont-ils de longueur régulière ?

Je retiens

- **Dans un texte poétique :**

1 le poète cherche à communiquer **ses émotions**, à dire ce qu'il pense, à évoquer ce qu'il voit…

2 Pour cela, le poète **se sert du langage** d'une façon particulière :
– il joue avec **les sonorités des mots**, à l'intérieur ou à la fin des vers (rimes) ;
– il crée **des comparaisons** ou **des métaphores**.

3 Il dispose souvent son **texte en vers**, de longueur régulière ou pas, groupés parfois en strophes.

4 La disposition des vers, les répétitions de sons ou de mots… créent une **musique**, un **rythme**.

Je m'entraîne

1 * Parmi ces textes, lequel est un poème ? Justifie ta réponse.

A. La Mirabelle

Mirabelle belle Marie
Mirabelle goutte de lune
Mirabelle sauvagerie
Mirabelle qui êtes prune
Mirabelle serez cueillie

Louis Calaferte, *Fruits,* © éd. Hesse,1992.

B. La prune Mirabelle est un petit fruit rond, jaune lavé de rose. La chair est mi-ferme, peu juteuse, mielleuse, très sucrée et parfumée. Elle arrive à maturité en août.

2 ** Lis ce début de poème puis réponds aux questions.

Encore l'art po

C'est mon po – c'est mon po – mon poème
Que je veux – que je veux – éditer
Ah je l'ai – ah je l'ai – ah je l'aime
Mon popo – mon popo – mon pommier
Oui mon po – oui mon po – mon poème

C'est à pro – à propos – d'un pommier
Car je l'ai – car je l'ai – car je l'aime
Mon popo – mon popo – mon pommier […]

Raymond Queneau,
Le Chien à la mandoline, © Gallimard, 1965.

a. Combien de syllabes compte chaque vers ?
b. Relève les rimes et les sonorités qui se répètent.
c. Quels signes de ponctuation pourrais-tu placer ?

3 * Explique en quoi ce texte est un poème.**

Déménager

Quitter un appartement. Vider les lieux. Décamper. Faire place nette. Débarrasser le plancher.
Inventorier ranger classer trier
Éliminer jeter fourguer
Casser
Brûler
Descendre desceller déclouer décoller dévisser décrocher
Débrancher détacher couper tirer démonter plier couper
Rouler
Empaqueter emballer sangler nouer empiler rassembler entasser ficeler envelopper protéger recouvrir entourer serrer
Enlever porter soulever
Balayer
Fermer
Partir

Georges Perec, *Espèces d'espaces*, © éd. Galilée, 1974/2000.

Jouer avec la langue, jouer avec les mots

Je réfléchis

1 Lis ces deux extraits de poèmes puis réponds aux questions.

A

Le chant
C'est comme l'eau d'un ruisseau
Qui coule sur les galets

Eugène Guillevic

B

Si la lune tombe
Comme un fruit
Sur la paille
N'aie pas peur

Jean-Pierre Siméon

a. De quoi parle chaque texte ?
b. À quoi le sujet du poème est-il comparé ? Relève la comparaison dans chaque extrait.
c. Quel mot invariable utilisent les poètes pour introduire ces comparaisons ?

2 Lis cet extrait de poème puis réponds aux questions.

Fourmis, fourmis
Pas si fourmis que ça
Ces gens qui vont
Qui courent, se faufilent
Qui se frôlent, s'entassent

Eugène Guillevic

a. De qui ou de quoi parle le poète ? À quoi le compare-t-il ? Utilise-t-il un mot de comparaison ?
b. Comment appelle-t-on une comparaison sans mot de comparaison ?

3 Relève, dans chacun de ces extraits de poèmes, toutes les répétitions : de mots, de sons…

A

Îles
Îles
Îles où l'on ne prendra jamais terre
Îles où l'on ne descendra jamais
Îles couvertes de végétations
Îles tapies comme des jaguars
[…]

Blaise Cendrars, *Poésies complètes*,
© éd. Denoël, 1947 (1re éd.), 2005.

B

Et pour qui sont ces six soucis ?
Ces six soucis sont pour mémoire.
Ne froncez pas les sourcils,
Ne faites donc pas une histoire,
Mais souriez, car vous aussi,
Vous aurez, des soucis.

Robert Desnos,
Chantefables et Chantefleurs,
© éd. Gründ, 1957.

C

Dors, petite rose
Aux joues rondes, dors.
Des carabes d'or
Bercent ton lit rose.

Maurice Carême, extrait de
« Berceuse pour une rose »
in *La Lanterne magique*,
© Fondation Maurice Carême.

4 Lis ce poème, observe les vers 2 à 6. Comment sont-ils formés ?

Je te donne ce poème,
Le mot arbre, le mot maison,
Et sentier, ruche, rivière,
Mésange, jardin, lumière,
Lune et soleil, nuit et jour,
Étoile, sourire, amour,
Le mot cœur, le mot caresse.
Je te donne la promesse
De l'amitié du monde.

Jean Joubert, *Les Plus Beaux Poèmes d'hier et d'aujourd'hui*,
de Jacques Charpentreau, « Le florilège de Fleur d'encre »,
© éd. Le Livre de Poche Jeunesse, 2014.

Jouer avec la langue, jouer avec les mots

Créer des images

La comparaison
- Le chant / C'est **comme** l'eau d'un ruisseau *(pareil à un ruisseau)*
- Les gens courent **comme** des fourmis

La métaphore
- Pas si fourmis que ça / Ces gens qui vont / Qui courent...
- Le grand parasol, fleur multicolore, s'épanouit au soleil

Utiliser des répétitions

La répétition de mots
- Dors petite **rose** / Aux joues **roses**, dors. / Des carabes d'or / Bercent ton lit **rose**.
- **Arbre**, **arbre**, **arbre** / **Arbre** qui veille sur notre jardin / **Arbre**, géant bienveillant

La répétition de sons
- **à l'intérieur des vers :**
  Le jeune **r**at **r**it / du g**r**os **r**at **r**usé /
  qui **r**ongea les **r**ets du **r**idicule / **r**oi de Potima**rr**on
- **à la rime :**
  Mais souriez, car vous au**ssi**,
  Vous aurez, des sou**cis**.

Utiliser des énumérations

- Et sentier, ruche, rivière, / Mésange, jardin, lumière,
- Je t'invente un monde brûlant / Couvert d'arbres
  Des orangers, des grenadiers, des jujubiers, des vanilliers

Je m'entraîne

5* Associe chaque mot de la colonne de gauche au mot de la colonne de droite avec lequel il peut rimer.

1. hasard	a. lécher
2. ermite	b. lézard
3. pâtisserie	c. spectre
4. laisser	d. termite
5. sceptre	e. tapisserie

6 Complète ces comparaisons avec des mots de ton choix. Tu peux faire des comparaisons réalistes ou bien complètement imaginaires.**
Exemple : Un frêle bateau sur l'eau c'est ***comme une coquille de noix****.*

a. Une bulle de savon c'est ...
b. La pluie sur les carreaux c'est ...
c. Un flocon de neige c'est ...
d. Le vent dans les arbres c'est ...

- **Transforme ces comparaisons en métaphores.**

Exemple : Ce frêle bateau, coquille de noix sur l'eau, descendait la rivière.

7 Indique, pour chaque texte poétique de la page 110, quel(s) jeu(x) de langue le poète a utilisé(s). Aide-toi des exemples des rubriques du tableau ci-dessus.**

8* Choisis des mots dans cette liste pour créer des jeux de langage : une comparaison, une métaphore, des rapprochements de sonorités...**

arroser • bavard • bottine • caillou • calme • casserole • confiture • couler • croquer • délicieux • libellule • étoile • fauteuil • frissonner • glisser • jaloux • jeter • mouillé • mystérieux • ombrelle • palpiter • pendule • rose • sauter • sentir • sucré • tomber • triste • vert

9 Écrire…

Pour écrire un poème, je dois :

1. choisir de qui ou de quoi je veux parler : d'une chose, d'une personne, d'un événement…
2. noter tous les mots qui me viennent à l'esprit quand je pense à ce que j'ai choisi ;
3. jouer avec les mots ou le langage en utilisant des comparaisons, des métaphores, des rapprochements de sonorités…
4. disposer les phrases ou les vers de façon à créer un certain rythme ;
5. mettre la ponctuation ou choisir de ne pas l'indiquer.

1 * Je complète un poème

Situation 1 **Complète le texte ci-dessous pour écrire un poème à la manière de Jean Joubert. Tu peux t'aider des mots proposés.**

Je te donne ce poème,
Le mot …, le mot …,
Et …, …, …,
…, …, …,
… et …, … et …,
…, …, …,
Le mot …, le mot …
Je te donne …
De … du monde.

D'après Jean Joubert,
Les Plus Beaux Poèmes d'hier et d'aujourd'hui,
© éd. Le livre de Poche Jeunesse, 2014.

noms désignant un objet, un animal, un élément

nature • rivière • forêt • montagne • ciel • nuage • tempête • pollution • volcan • alpage • oiseau • plumage • zéphir • roseau • perle • saphir • rosée • miel • fleur • printemps • cœur • mirage

noms désignant des sentiments, des sensations

beauté • amitié • pureté • gentillesse • dureté • gaieté • gravité • fragilité • sincérité • colère • bonté • vérité

Situation 2 **Sur le modèle des deux premiers vers, complète le poème de Claude Haller avec des mots de ton choix.**

Offrande

Arbre
Qui m'as donné cette ombre

Blé
Qui m'as donné ce pain

Rivière
Qui m'as donné cette eau

…
Qui m'as donné …

…
Qui m'as donné …

…
Qui m'as donné …

…
Que pourrais-je vous rendre
À vous tous qui m'avez tant donné
Sans jamais rien demander

D'après Claude Haller, *Poèmes du petit matin*,
© éd. Le Livre de Poche Jeunesse, 2010.

2 * * J'écris un poème selon une forme précise

Situation 1 **Écris un poème de 6 ou 8 vers en forme de pyramide.**
Le premier vers est composé d'un mot, le deuxième de deux mots,
le troisième de trois mots et ainsi de suite.

Exemple :
Chat
Un chat
Un vieux chat
Un vieux chat persan
Un vieux chat persan ronronne
Un vieux chat persan ronronne paisiblement.

Situation 2 **Écris un poème-liste sur le modèle de *Déménager* de Georges Perec, page 109.**

■ **Choisis un des verbes ci-dessous puis cherche d'autres verbes et des expressions qui pourraient le compléter. Dispose-les ensuite en poème.**

construire • jardiner • partir • cuisiner • nettoyer

3 * * * J'écris un poème à partir d'un mot ou d'une image

Situation 1 **Écris un poème à partir du mot *météo*.**

1 **Dresse une liste de mots ou de groupes de mots qui évoquent la météo. Tu peux t'aider de la liste ci-dessous.**

l'averse • la pluie • la giboulée • le brouillard • la brume • le crachin • la neige • le givre • la grêle • le verglas • le vent • le typhon • le zéphyr • la bise • la tramontane...

2 **Associe les mots de ta liste de façon à créer un poème rythmé.**
Insère, dans ton poème, des répétitions de sons ou de mots,
des comparaisons ou des métaphores.

Exemple : Les flocons tombent et dansent, pétales de silence...

Situation 2 **Écris un poème à partir d'une image.**

1 **Choisis une des deux images ci-contre puis note ce que tu ressens en l'observant.**

2 **Écris ensuite un poème en utilisant un ou plusieurs jeux de langage : comparaisons, métaphores, répétitions de mots, répétitions de sons, énumérations...**

J'améliore mon texte

Je vérifie mon poème

1 * Je complète un poème

Situation 1 : J'ai utilisé, dans les premiers vers, des mots désignant des objets, des animaux ou des éléments puis, dans les derniers vers, des mots désignant des sentiments ou des sensations.

Situation 2 : Les mots choisis vont bien ensemble.

2 ** J'écris un poème selon une forme

Situation 1 : J'ai bien ajouté un mot à chaque vers.

Situation 2 : Les verbes vont bien ensemble.

3 * J'écris un poème**

Situation 1 : Les phrases que j'ai construites ont un lien avec le mot *météo*.

Situation 2 : Je n'ai pas décrit l'image mais j'ai présenté une émotion ou un sentiment.

Je vérifie comment j'ai écrit

- J'ai respecté le nombre de mots à compléter.
- J'ai fait attention aux accords.
- J'ai utilisé des mots appartenant à un même champ lexical.
- J'ai rapproché des sonorités qui se ressemblent.
- J'ai utilisé des comparaisons ou des métaphores.
- J'ai bien disposé mon texte en vers.
- Si j'ai choisi de marquer la ponctuation, j'y ai fait attention.

Je prends la parole

Choisis un poème que tu as lu dans cette unité ou un poème que tu as écrit puis dis-le de manière expressive.

Pour te préparer

- Recherche l'impression que donne le poème : amusement, émotion, étonnement…
- Observe la construction des phrases : l'absence ou la présence de ponctuation, la disposition en vers, en strophes…
- Repère les mots à mettre en valeur.

Pour bien dire le poème

- Regarde souvent tes camarades.
- Respecte le rythme du poème.
- Utilise des gestes, des intonations différentes, des expressions du visage pour bien faire comprendre ce que le poème dit.

D'autres livres de poésie à découvrir

* *Poèmes de Prévert en bandes dessinées*, éd. Petit à petit.

** *Nouveaux trésors de la poésie pour enfants, anthologie de Georges Jean*, éd. LGF.

*** *Victor Hugo, un poète*, éd. Gallimard Jeunesse.

La publicité

Affiche publicitaire, 1886

1. Qu'est-ce que ce document ?
   À quoi sert-il ?
2. En vois-tu des semblables à notre époque ?
3. Peux-tu citer une phrase entendue dans une publicité ?

Dans ce chapitre, tu vas :

- **Lire** des documents publicitaires.
- **Écrire** des textes publicitaires.
- **Interpréter** un sketch publicitaire.

10 Lire...

Je comprends

Affiche 1

1 Qui sont ces personnages ?

2 Qu'est-ce que le garçon avec le vélo a de commun avec tous ces personnages ?

3 Relève le slogan. Que veut-il dire ?

4 Quel rapport trouves-tu entre le slogan et l'image ?

5 À qui s'adresse cette affiche ? Décris le personnage à droite de l'affiche.

Affiche 2

6 Pourquoi le bébé est-il déguisé ainsi ?

7 Quels sont les slogans de cette publicité ?

8 Qu'est-ce qu'un pesticide ?

9 Pourquoi faut-il apprendre à se passer des pesticides ?

10 Quel est le lien entre l'image et « les habitants du jardin » ?

Affiches 1 et 2

11 Qu'as-tu vu en premier sur ces affiches quand tu les as découvertes ?

12 Quel est le but de ces publicités ?

13 Quels sont les différents éléments qui composent ces affiches ?

14 Comment réagis-tu devant ces deux affiches ?

15 Connais-tu les logos situés en bas des affiches ? Que signifient-ils ?

Je lis à haute voix

Dis les slogans et le texte de l'affiche contre les pesticides comme s'ils étaient diffusés à la radio, sous forme de message publicitaire. Tu peux trouver des intonations différentes pour les slogans ou les chanter.

Je donne mon avis

Fais-tu attention aux campagnes d'information ? Pourquoi ?

J'ajoute des phrases à l'affiche

Écris ce que l'enfant avec le vélo pourrait dire pour renforcer, à sa façon, le message de cette affiche.

CHOCOLAT

PUBLI-COMMUNIQUÉ

Quand le chocolat s'empare de vos sens...

Voyage sensoriel au cœur du plus fin des chocolats... Lindt Excellence vous propose une nouvelle façon de découvrir et savourer le chocolat, pour un plaisir inégalé.
Découvrez le chocolat qui sublime l'expérience chocolat !

Un chocolat d'exception

C'est avec passion et savoir-faire que les Maîtres Chocolatiers Lindt excellent depuis 1845 dans la confection de chocolats d'exception. De la sélection rigoureuse de fèves de cacaos nobles et d'ingrédients raffinés, à la préparation d'un chocolat à l'onctuosité incomparable, en passant par la création de tablettes aux saveurs inédites, ils mettent leur expertise au service de votre plaisir.
Lindt Excellence vous invite à découvrir l'alliance ultime de la force et de la finesse, au travers de saveurs intenses, élégantes et racées, et de textures subtiles. Une richesse d'arômes et de textures, sublimée dans la plus fine des tablettes. À chaque carré, votre palais succombe au plaisir intense et raffiné de ce chocolat de dégustation, à la longueur en bouche exceptionnelle.

L'ultime plaisir à la portée de tous

Pas besoin d'être un expert pour apprécier les subtilités d'un grand chocolat noir. Avec Lindt Excellence, choisissez votre tablette dans une palette de saveurs des plus intenses aux plus gourmandes, de recettes des plus pures aux plus élaborées, et de textures des plus fondantes aux plus croquantes. Chacune vous transportera dans un véritable voyage sensoriel à la découverte d'un chocolat unique.
Pour sublimer l'expérience, suivez les conseils de nos Maîtres Chocolatiers : éveillez vos sens un à un, pour savourer pleinement l'ultime plaisir chocolat.

Lindt
EXCELLENCE

Le plaisir au bout des cinq sens

VOIR
... apprécier la qualité du chocolat à son aspect brillant et soyeux, et aux reflets délicats de sa couleur si dense.

TOUCHER
... effleurer sa surface parfaitement lisse, pour découvrir la finesse de son grain.

ÉCOUTER
... son craquement net et sec, un son si court, gage d'une qualité exceptionnelle.

SENTIR
... se laisser envoûter par ses arômes cacaotés riches et intenses, et retrouver ses notes vanillées, fruitées, florales ou épicées.

GOÛTER
... laisser ce fin chocolat fondre en bouche, et savourer cette expérience intense qui bouleversera vos papilles.

© Lindt.

Je comprends

1. Sur cette double page, que regardes-tu en premier ?
2. Quel est le but de ce document ?
3. Quels sont les différents éléments qui composent cette publicité ?
4. Relève les phrases qui ressemblent à des slogans.
5. Sur quels points le texte insiste-t-il ?
6. Relève les mots qui :
   – parlent des sensations ;
   – mettent en valeur le chocolat présenté.
7. Observe les photos. À quoi sert chaque image ?
8. Qu'est-ce qu'un publi-communiqué ?
9. Pourquoi trouve-t-on cette phrase en bas du publi-communiqué : « Pour votre santé, pratiquez une activité physique régulière. » ? L'as-tu déjà lue sur d'autres publicités ?

Je donne mon avis

Que penses-tu de la publicité ?

Je lis à haute voix

Lis un des paragraphes du texte principal en insistant sur les mots qui mettent en valeur les qualités supposées du produit.

J'ajoute une phrase à la publicité

Aimes-tu le chocolat ?
Complète la phrase ci-dessous pour dire ce que le chocolat évoque pour toi.
Quand on me parle de chocolat, je …

10 Pour mieux lire

Bien comprendre les relations entre le texte et l'image

Je réfléchis

1 **Imagine la publicité page 116 sans image, puis sans slogan. Cette publicité peut-elle se comprendre si on ne lit que le slogan ? et si on conserve uniquement l'image ?**

2 **Regarde la publicité contre les pesticides, page 117. L'image seule te permet-elle de voir de quel produit il s'agit ? Qu'apporte le texte ?**

Conseil

- Pour bien lire une **publicité**, je dois regarder l'**ensemble** formé par le **texte** et l'**image** et comprendre le **rapport qu'il y a entre les deux**.
- Parfois, l'image éclaire le sens du texte : *publicité pour le port du casque* (p. 116).
- De même, le texte peut permettre de comprendre l'image : *publicité contre les pesticides* (p. 117).
- Dans un publi-communiqué, les images illustrent ce que dit le texte : *publicité pour le chocolat* (pp. 118-119).

Le rapport entre le texte et l'image peut donner à la publicité un **caractère amusant**, **étonnant** ou **sérieux**.

Je m'entraîne

3 * **Associe chacun des slogans au produit correspondant.**

a. Omo est là, la saleté s'en va.
b. La vie est trop courte pour s'habiller triste.
c. L'irrésistible plaisir d'écrire.
d. C'est croustifondant.

4 ** **Observe cette affiche publicitaire, puis reconstitue le slogan à l'aide des mots de la liste.**

voici • encore • *Super Persil* • plus blanc • que Persil • qui lave

Affiche publicitaire pour une marque de lessive, 1959.

5 ** **Lis ces descriptions d'affiches publicitaires puis associe chacune au slogan qui convient.**

Description des affiches :

Affiche A : un chevalier boit un verre d'eau. Son bouclier porte la marque de cette eau minérale.
Affiche B : un couturier célèbre est au bord d'une route ; sa voiture est en panne. Il porte un gilet de sécurité, visible même la nuit.
Affiche C : un homme dessiné en robe de chambre. Sa tête est remplacée par un gros œuf. L'homme tient un rasoir jetable, aussi haut que lui.
Affiche D : la silhouette d'un homme formée d'un long spaghetti. Les cheveux sont des coquillettes. L'homme porte un paquet de pâtes sous le bras.

Slogans publicitaires :

1. Des rasages frais du jour.
2. C'est jaune, c'est moche, ça ne vaut rien, mais ça peut vous sauver la vie.
3. Floréal, les pâtes qui n'empâtent pas.
4. Une santé de fer.

Méli mélo **Retrouve les expressions connues cachées dans ces slogans.**

Abracarambar • On a toujours besoin de petits pois chez soi. • Bon lait, bon beurre.

Les documents publicitaires

Je me souviens

Souviens-toi des documents publicitaires que tu as lus, pages 116 à 119 :

- Quel est le but de chaque document ? Quels éléments les rendent efficaces ?
- Relis les différents slogans de ces affiches : quelles sont leurs caractéristiques communes ?
- Quels slogans jouent avec les mots ?
- Quels éléments font appel aux émotions ? aux sensations ? Lesquels apportent des informations ?
- Dans la publicité sur le chocolat, à quoi servent les mots *d'exception, incomparable, intense...* ?
- Relève les verbes utilisés dans ces publicités. Sous quelles formes sont-ils utilisés ?

Je retiens

1 Les publicités utilisent des **mots** mis en relation avec des **images** pour amener le lecteur à adopter un comportement ou à acheter un produit.

2 Les publicités font avant tout appel aux **émotions** et aux **sensations.** Elles peuvent donner des **informations.**

3 Les **publicités pour vendre** mettent en valeur les **qualités d'un produit**.

4 Les **publicités pour conseiller** disent pourquoi il convient d'**adopter un comportement.**

5 Dans les publicités, on trouve généralement un **slogan** facile à retenir. C'est une **phrase courte** utilisant des rimes, des répétitions de sonorités, une déformation d'expression connue...

Je m'entraîne

1 * Lis ces slogans. Utilisent-ils des rimes, une répétition de sonorités, un détournement d'expression connue... ?

a. Des pâtes, des pâtes, oui mais des Panzani !
b. Vittel vous aide à retrouver la vitalité qui est en vous.
c. Ce sont aussi les petits détails qui font les grandes voitures.
d. Dur avec la saleté. / Tendre avec les couleurs.
e. C'est trop bête d'avoir des petites bêtes !
f. Qui mange du bœuf, mange du bœuf !

2 ** Lequel de ces textes publicitaires fait plutôt appel à la raison ? Lequel joue sur l'émotion ?

A. Finies les différentes températures de lavage. Grâce à la technologie BUBULE, on peut laver tout le linge à basse température. Avec son système innovant d'injection d'air, le lave-linge BUBULE permet à n'importe quelle lessive de devenir une fine mousse qui pénètre au cœur des fibres des tissus. Ainsi, BUBULE offre un linge plus souple et plus doux.

B. Le mariage parfait entre beauté et intelligence. Parce que la cheminée est le centre de votre séjour, CHAUFFETOUT fabrique des inserts bien pensés, exclusifs, aux lignes sublimes qui les rendent exceptionnels. Grâce à ses vitres panoramiques, ses souffleries efficaces, CHAUFFETOUT révèle chaque jour son désir d'innovation et son goût des belles choses.

3 * Quel procédé est utilisé pour l'écriture de ce slogan ? Comment l'image illustre-t-elle ce procédé ?**

Des mots pour valoriser

Je réfléchis

1 Quels adjectifs peuvent être utilisés pour mettre en valeur quelqu'un ou quelque chose ?

magnifique • quotidien • sublime • exceptionnel • noir • majestueux • miraculeux • délicieux • indigeste • optimal • fabuleux • normal • habituel • neutre • remarquable • déchiré • fermé • intense • banal • subtile • ouvert • chaud • prodigieux • unique • blanc • petit • puissant • rayé • affirmé • tricoté • voluptueux • raffiné

2 Compare les deux séries de phrases.
Quels mots ou préfixes ont été ajoutés dans les phrases de la série B ? À quoi servent-ils ?

A
- Louis est grand.
- Lucas est un homme sympathique.
- Il est gentil.
- Pascal est pressé.
- Tous nos produits sont frais.
- C'est une personne sensible.

B
- Louis est très grand.
- Lucas est un homme fort sympathique.
- Il est extrêmement gentil.
- Pascal est archipressé.
- Tous nos produits sont ultrafrais.
- C'est une personne hypersensible.

3 Quelles transformations ont été faites entre le texte A et le texte B ?
À quoi servent-elles ?

A. Quand je serai grand, je jouerai au tennis. J'habiterai une maison au bord de la mer pour avoir l'occasion de manger du poisson tous les jours.

B. Quand je serai grand, je serai champion de tennis. J'aurai une villa au bord de la mer pour déguster chaque jour de délicieux poissons tout frais.

4 Relève, dans ce texte publicitaire, tous les mots employés pour valoriser le produit.

Les matelas, sommiers et oreillers CONFORT s'adaptent parfaitement à votre morphologie. Grâce à leur matière révolutionnaire, votre literie offre à votre corps un confort remarquable, un soutien durable et complet. Année après année, CONFORT sublime vos nuits. Ses produits d'exception vous assurent un sommeil optimal. Avec CONFORT, dormez comme un bébé !

Des mots pour mettre en valeur

Des adjectifs

exceptionnel • fabuleux • remarquable • admirable • extraordinaire • magnifique • optimal • merveilleux • sublime • intense • subtil • délicieux • puissant • affirmé • prodigieux • ultime • irrésistible • incroyable • inégalable • sensationnel • incomparable • somptueux…

Des adverbes pour renforcer le sens des adjectifs

le moins • le plus • très • fort • exceptionnellement • extrêmement • formidablement • complètement…

Des préfixes pour renforcer le sens des mots

ultrablanc • un **hyper**marché • **hyper**branché • **archi**pressé • un **super**carburant • un **super**héros • un **maxi**sandwich • une **méga**pole • une **méga**star • un **sur**homme • **sur**dimensionné • **extra**fin…

Des synonymes valorisants

- **une habitation** : une villa • un palace • une résidence • un manoir…
- **un aliment** ou **un repas** : un régal • un festin • un délice • un banquet…
- **un homme fort** : un colosse • un hercule…
- **manger** : déguster • goûter • savourer…
- **apprécier** : aimer • préférer • adorer…

Je m'entraîne

5 * Classe les mots dans la rubrique du tableau ci-dessus qui convient.

rarissime • robuste • superbement • un palais • un surhomme • priser • solide • remarquable • extraordinairement • unique • intense

6 ** Complète ce texte publicitaire avec les mots ci-dessous.

immédiat • nombreux • nouvelle • révolutionnaire • raisonnable • sans merci • les plus redoutables • remarquable • haut de gamme

La console « SPATIALE 2 » est encore plus (1) que la « SPATIALE 1 ». Elle permet d'avoir un accès (2) à de (3) jeux en ligne où tu pourras affronter les adversaires (4). Grâce à la prise en main (5) qu'offre sa (6) manette, tu pourras les combattre (7). Livrée avec d'autres accessoires (8) elle est accessible au prix (9) de 150 €. À toi de jouer !

7 ** Récris ces phrases en ajoutant un adverbe ou un préfixe pour renforcer le sens des adjectifs.

a. C'est un élève **intelligent**.
b. Ta blague est **bonne**.
c. J'achète des pois **fins**.
d. Il habite dans un quartier **chic**.
e. Mon vélo roule **vite**.

8 * Lis ces slogans puis complète-les avec des adjectifs pour valoriser les différents produits. Tu peux t'aider des mots du tableau ci-dessus.**

a. Un bouquet de douze roses …, aux senteurs ….
b. Succombez à l'… douceur d'un pull en laine angora.
c. Un parfum de connaisseur : une … note de vanille et un caractère ….
d. Un jus de fruit … : au nez, un … parfum d'agrumes, en bouche, une fraîcheur ….

10 Écrire...

Pour écrire un texte publicitaire, je dois :

1. penser à qui il va s'adresser ;
2. faire la liste des qualités du produit ou des avantages du comportement à adopter ;
3. faire la liste des émotions qui peuvent lui être associées ;
4. utiliser des mots ou des expressions pour le valoriser ;
5. écrire une phrase courte, surprenante et percutante, pour chaque slogan, en jouant par exemple avec les mots.

1 * Je complète un texte publicitaire

Sur le modèle du texte de l'affiche contre les pesticides (page 117), écris un court texte pour compléter l'affiche de la sécurité routière (page 116).

Vous traitez :

- votre pelouse pour enlever les « mauvaises herbes »
- votre potager pour supprimer les pucerons
- vos arbres fruitiers pour lutter contre les champignons

Savez-vous qu'en utilisant des pesticides sans précaution, vous risquez de mettre vos enfants ou vos animaux domestiques en contact avec des produits potentiellement dangereux pour leur santé ?

Les pesticides, apprenons à nous en passer !

À vélo, tu mets un casque :

- pour ~
- pour ~
- ~

Sais-tu que si tu ne mets pas ton casque, tu risques ~

Pas de héros sans casque, pas de vélo sans casque.

2 ** J'invente un slogan

Situation 1 **J'écris un slogan à partir d'une image.**

Écris un slogan pour une publicité qui utiliserait cette image.

Situation 2 **J'écris un slogan en jouant avec les mots.**

■ **Écris un slogan pour une publicité sur des rollers.**
Aide-toi des indications ci-dessous.

a. Tu peux te servir de la sonorité des mots : rimes, répétitions de sons...
b. Tu peux détourner une expression comme :
– *Rien ne sert de courir, il faut partir à point.*
– *Qui veut voyager loin ménage sa monture.*
c. Tu peux utiliser un élément de conte comme les bottes de sept lieues, un tapis volant...

3 * * * J'écris un texte publicitaire

Situation 1 **Je récris un texte publicitaire.**

■ **Récris le texte de ton choix pour vanter le produit décrit.**
Utilise le vocabulaire du tableau, page 123.
Tu peux changer les mots, en ajouter ou modifier les phrases.

A. Voici un nouveau rosier : cette variété fleurit deux fois par an. Il a des fleurs rouges. Il résiste aux pucerons et ne nécessite pas beaucoup de soin. Il pousse partout dans les jardins comme sur les balcons.

B. Rixo sort un nouveau modèle de voiture pour le Mondial de l'automobile. C'est une petite voiture qui peut plaire autant aux femmes qu'aux hommes. Elle offre quatre places et un coffre. De l'avis général, elle a une ligne peu ordinaire. Elle consomme peu en regard de ses performances.

Situation 2 **Je présente un produit dans un publi-communiqué.**

■ **À partir des indications ci-dessous, imagine un document à la manière de la publicité pour le chocolat, pages 118-119.**

Le produit que tu vas présenter est une nouvelle variété de fruits (cerise, orange, fraise, ananas...). Donne-lui un nom et écris ton texte en parlant des différentes sensations que ce nouveau fruit procure : à la vue, au toucher, à l'odorat, au goût.

J'améliore mon texte

→ pages 124-225

Je vérifie mon texte publicitaire

❶ * Je complète un texte publicitaire

J'ai parlé des raisons de mettre un casque et du danger de ne pas en mettre.

❷ ** J'invente un slogan

Situations 1 et 2 : Ma phrase évoque bien le produit à promouvoir.

❸ * J'écris un texte publicitaire**

Situation 1 : J'ai utilisé des mots valorisants.

Situation 2 : J'ai inventé un slogan et j'ai écrit un texte faisant appel aux sensations.

Je vérifie comment j'ai écrit

❶ * Je complète un texte publicitaire

- J'ai écrit des phrases courtes.
- J'ai écrit au présent de l'indicatif et de l'impératif.

❷ ** J'invente un slogan

Situation 1 : J'ai utilisé des mots en relation avec l'image.

Situation 2 : J'ai utilisé des jeux de mots.

❸ * J'écris un texte publicitaire**

- J'ai utilisé des mots qui valorisent (des adjectifs, des adverbes, des superlatifs...).
- J'ai utilisé des mots en relation avec les sensations.

Je prends la parole

■ **Avec un(e) camarade, tu vas interpréter un sketch publicitaire pour une variété de pommes, à partir d'un épisode du conte de Blanche-Neige.**

Blanche-Neige repousse la pomme rouge que la reine, sous les traits d'une vieille marchande, lui tend.
Elle en saisit une autre dans le panier et se tourne vers le public en disant :
« Empoisonnée ? Moi, jamais ! Je mange des pommes non traitées ! »

Pour te préparer

- Répartissez-vous les rôles : l'un joue Blanche-Neige, l'autre joue la reine qui vend des pommes.
- Imagine la situation avant le slogan ; elle doit reprendre les caractéristiques du conte.
- Exerce-toi à bien prononcer le slogan en t'aidant de la ponctuation.

Pour bien interpréter la scène publicitaire

- Distingue deux moments : un court temps de dialogue entre Blanche-Neige et la sorcière, puis l'énonciation du slogan face au public.
- Pour bien dire le slogan, Blanche-Neige prend une voix assurée et joyeuse, montrant ainsi que la pomme choisie est délicieuse.

Des livres pour découvrir la publicité

* *Le Petit Chaperon rouge*,
Alain Serres,
éd. Rue du Monde.

** *La publicité*,
A. Delrieu et S. de Menthon,
éd. Gallimard jeunesse.

*** *Une étoile pour deux*,
Pascal Hérault,
éd. du Bout de la Rue.

Crédits photographiques

5 Collection Christophe L ; **6** «Histoires Noires : Katowice la nuit» (Silésie, Pologne), le 1er décembre 2003, © Benjamin Béchet/Odessa/ Picturetank ; **8** Le chien des Baskerville, film de Sidney Lanfield, 1939, avec Basil Rathbone (Sherlock Holmes) et Nigel Bruce (Dr. Watson) - BIS / Ph. Coll. National Film Archive - Archives Larbor ; **17htg** Toy Story 3, film de Lee Unkrich, 2010, Coll. Christophe L © Disney-Pixar ; **17htd** "Bob l'Eponge - Le Film", film de Stephen Hillenburg, 2004, Prod DB © Paramount Picture/DR ; **17basg** L'Age de glace 3 - Le temps des dinosaures, film de Carlos Saldanha et Mike Thurmeier, 2009 - Prod DB © 20th Century Fox - Blue Sky Studios/DR ; **17basd** Bilbon Sacquet, personnage du dessin animé de Jules Bass et Arthur Rankin Jr. «The Hobbit», 1977, © Rue des Archives /BCA ; **18** © Camerapress/Snowdon/ Gamma ; **19g** «The Hobbit», dessin animé de Jules Bass et Arthur Rankin Jr., 1977 - © Rankin-Bass Production/The Kobal Collection ; **19d** Le Hobbit, un voyage inattendu, film de Peter Jackson, 2012, avec Martin Freeman (Bilbo Baggins) - © Photo ITAR-TASS / Karo Premiere Film Company / Corbis ; **23** © Tom Reichner / Shutterstock ; **26** Bibl. nationale de France, Paris - BIS / Ph. L. de Selva © Archives Larbor © Adagp, Paris 2015 ; **27** Orlando Bloom dans Le Seigneur des anneaux; la communauté de l'anneau, film de Peter Jackson, 2001 - Coll. Christophe L ; **29** BIS /Ph.NASA Coll. Archives Sejer ; **32htd** © Arid Ocean - Fotolia.com ; **32mhd** © Pascal Lebrun / Cit'images ; **32mg** © Thierry Grun / Age Fotostock ; **32mmg** © Richard Bouhet / AFP ; **32mmd** Droits réservés ; **32md** Droits réservés ; **32basg** © clairon974 - Fotolia.com ; **32basd** © Frog 974 - Fotolia.com ; **33basg** © Computer Earth / Shutterstock ; **33basd** © Unclesam - Fotolia.com ; **36ht** © gianliguori - Fotolia. com ; **36bas** © Beboy - Fotolia.com ; **37basg** © swisshippo - Fotolia.com ; **37basm** © Ignatius Wooster - Fotolia.com ; **37bas** d © Karel / Jacana / Gamma-Rapho ; **38ht** © John A. Anderson / Shutterstock ; **38bas** © rabbit75_fot - Fotolia.com ; **39** © Claudio Giovanni Colombo / Shutterstock ; **41htg** Colette à son bureau, photographie anonyme - © Collection Dupondt / akg-images ; **41htd** Vincent van Gogh, autoportrait, 1888, Musée Van Gogh, Amsterdam. © Roger-Viollet ; **41basg** Jeune homme au clavecin, supposé être Mozart, peinture de J. Duplessis, vers 1765, Musée du Louvre, Paris © Nimatallah / akg-images ; **41basd** Louis Pasteur peint par A. Edelfelt, 1885, Musée d'Orsay, Paris - BIS / Ph. © Archives Nathan ; **42** © Roger-Viollet ; **44htd** © Aisu / Shutterstock ; **44basd** © Collection Basile / Opale ; **46** © cristi180884 - Fotolia. com ; **48** © Nicolas Tavernier / Sipa ; **50g** © heritage images / Leemage ; **50htd** BIS / Ph.Nabil Biyahmadine ; **50basd** © PHB.cz (Richard Semik) / Shutterstock ; **51ht** BIS / Ph. © Etienne Carjat - Coll. Archives Larbor ; **51bas** © Rue des Archives / RDA ; **53** © Philippe Schuller / Signatures ; **56** © LAPI / Roger-Viollet ; **62** © veryolive - Fotolia.com ; **65** Beno Hokou Sanvee, lors du «Caravanserail des conteur» à Bourgoin-Jallieu, mars 2006 - © Michel Thomas / PHOTOPQR / Le dauphiné Libéré - Maxppp ; **66** © Serena / Hoa-Qui / Gamma-Rapho ; **75** © Selva / Leemage ; **77** © Michel Houet / Belpress / Andia ; **78htd** © akg-images ; **78bas** Das Valentinkarlstadt Theater, Münich - © Photo Oskar Henn ; **80htd** © AFP ; **80bas et 83** © Gilles Juhel ; **100** © Jacques Morell / Kipa / Corbis ; **103** © Centre Pompidou, MNAM-CCI, Dist. RMN-Grand Palais / Ch. Bahier / Ph. Migeat ; **106htg** © nadirco - Shutterstock ; **106htd** © Frog 974 - Fotolia.com ; **106htmg** © luigi giordano - Fotolia.com ; **106htmd** © CB94 - Fotolia.com ; **106g** © Studio Lipnitzki / Roger-Viollet ; **107** The Museum of Fine Arts, Houston - © The Granger Collection NYC / Rue des Archives © Adagp, Paris 2015 ; **109** © Yves Roland - Fotolia.com ; **112** © eyewave - Fotolia.com ; **113htd** © Maria Meester / Shutterstock ; **113md** Installation de parapluies à Agueda (Portugal), juillet 2012, © Almeida / Cartres News Agency / Sipa ; **113basd** ARMAN (1928-2005), L'Heure de tous, 1985. Sculpture, accumulation d'horloges soudées en bronze (5m). Gare Saint-Lazare, Paris - © Pascal Victor / ArtComArt © Adagp, Paris 2015 ; **115** BIS / Ph. Leonard de Selva © Archives Bordas ; **116** www.inpes.sante.fr ; **117** Conception: La Petite Agence dans la Prairie. Photo: Getty ; **118 /119** © Lindt & Sprüngli France SAS ; **120** BIS / Ph. Coll. Archives Nathan ; **121** Affiche de Raymond Savignac, 1960. Musée de la Publicité, Paris. BIS / Ph. Coll. Archives Nathan © Adagp, Paris 2015 ; **124** © Elena Elisseeva / Shutterstock ; **125** © Khamidulin Sergey / Shutterstock.

Illustrateurs

Christophe Besse : pp. 56-57. **Robert Cara** : p. 91. **Christina Circosta** : pp. 6-7. **Dawid** : pp. 11, 14, 15, 71, 73, 79, 85, 86, 89, 96, 97, 98, 99, 124, 125. **Marie Flusin** : pp. 42, 43. **Anaïs Goldemberg** : pp. 20, 21, 24, 25, 27. **Nicolas De Hitori** : pp. 54-55. **Isabelle Maroger** : pp. 60, 63, 120, 122. **Philippe Masson** : pp. 8-9, 12. **Anaïs Masuez** : pp. 104-105, 107, 108, 110, 111. **Marie De Monti** : pp. 66-67. **Claire Perret** : p. 45. **Thomas Tessier** : pp. 68-69, 72.

Générique de l'ouvrage

Couverture : **Favre et Lhaïk**
Conception graphique : **Domitille Pautonnier**
Mise en page : **Elodie Breda et Domitille Pautonnier**
Iconographie : **Laurence Vacher**
Edition : **Lise Hagneré**

N° de projet : 10210382
Dépôt légal : Mars 2015
Achevé d'imprimer en Espagne par Gráficas Estella.

FSC
www.fsc.org
MIXTE
Papier issu de sources responsables
FSC® C022030